Hans-Christian Kossak
Studium und Prüfungen besser bewältigen

Quintessenz Ratgeber
Psychologie und Medizin

Hans-Christian Kossak

Studium und Prüfungen besser bewältigen

Neue Wege,
mit Lern- und Leistungsproblemen in
Schule und Studium umzugehen

2., überarbeitete und ergänzte Auflage

Quintessenz

Anschrift des Autors
Dr. phil. Hans-Christian Kossak, Dipl.-Psych.
Kath. Beratungsstelle für Erziehungs- und Familienfragen
Ostermannstr. 32
44789 Bochum

Lektorat: Dr. H. Jürgen Kagelmann

Die Deutsche Bibliothek – CIP-Einheitsaufnahme

Kossak, Hans-Christian:
Studium und Prüfungen besser bewältigen : neue Wege, mit Lern- und Leistungsproblemen in Schule und Studium umzugehen / Hans-Christian Kossak. – 2., überarb. u. erg. Aufl. –
München : Quintessenz; München : MMV, Medizin-Verl., 1995
(Quintessenz-Ratgeber Psychologie und Medizin)
ISBN 3-86126-317-4

Dieses Werk ist urheberrechtlich geschützt. Jede Verwertung außerhalb der engen Grenzen des Urheberrechtsgesetzes ist ohne Zustimmung des Verlages unzulässig und strafbar. Das gilt insbesondere für Vervielfältigungen, Übersetzungen, Mikroverfilmungen und die Einspeicherung und Verarbeitung in elektronischen Systemen.

© 1995 by Quintessenz, MMV Medizin Verlag GmbH, München
Herstellung: Christa Neukirchinger, München
Satz: Computersatz Wirth, Regensburg
Druck und Bindung: Ludwig Auer GmbH, Donauwörth
Printed in Germany

ISBN 3-86126-317-4

Vorwort zur zweiten Auflage

Gerade in der jetzigen Zeit wird immer deutlicher, daß Ausbildung, ebenso Fort- und Weiterbildung wichtige Werte geworden sind.
Die rasche Erfordernis einer Neuauflage diese Buches bestätigt deutlich den Bedarf nach einfachen, verstehbaren und praxisorientierten Ratschlägen im Umgang mit Lernmaterialien. Lernen ist nicht das technische Aufnehmen von Inhalten. Vielmehr wird Lernen in einer Interaktion zwischen dem Inhalt und der Personen des Lernenden vollzogen.
Zahlreiche Briefe von Leserinnen und Lesern meines Buches erreichten mich; auch Bekannte, Freunde und Klienten sprachen mich darauf an - voller Freude über ihre Lernerfolge. Mein Anliegen war aber auch dadurch erreicht, daß diejenigen, die große Lernprobleme hatte, sich meinem Rat zufolge an mich wandten. Ihnen konnte ich dann zur Vertiefung und oft auch zur therapeutischen Hilfe versierte Fachkolleginnen und Kollegen in deren Nähe nennen.

Da sich in der relativ kurzen Zeit vom Erscheinen der Erstauflage bis heute auch die technischen Hilfsmittel verändert haben, hat in diesem kurzen Zeitraum der PC bei vielen Lernenden Einzug gehalten. Bei meinen Ratsuchenden traten dadurch auch sehr schnell zahlreiche Probleme und Fragestellungen zum sinnvollen und arbeitsökonomischen Umgang mit dem PC auf. Bei Textverarbeitungen konnte ich meist recht hilfreiche Ratschläge erteilen. Meine Erfahrungen bei der Erstellung von Manuskripten, Ausarbeitungen und Publikationen konnte ich hier sehr gut einbringen. Das bewog mich dann dazu, die Gelegenheit der Neuauflage nicht nur zur Überarbeitung zu nutzen. Die vorliegende Neuauflage enthält somit ein neues Kapitel aus der Praxis und für die Praxis: „Vom richtigen Umgang mit dem PC – Tips zur ökonomischen Textbearbeitung".
Hierdurch kann keinesfalls das Manual des Textverarbeitungsprogramms ersetzt werden. Vielmehr werden hier Tips zur Bearbeitung gegeben, die man sich meist nur im langenjährigen Umgang mit Texten, Ausarbeitungen und Textprogrammen erarbeiten kann.

Im Januar 1995   *Hans-Christian Kossak*

Inhalt

Einführung

Wie Sie dieses Buch benutzen sollten 9

Gibt es Zauberformeln für ein besseres Lernen? 12
Lernverbesserung durch Autohypnose 15
Was Hypnose beim Lernen sowie vor und in der
Prüfung bewirken soll 17
Das vorliegende Buch ist ein Kursprogramm 19

Teil 1

Grundlagen des Lernens und des geistigen Arbeitens 23

1. Verstärkung und Leistungsverbesserung 23
2. Differenzierung am Arbeitsplatz erleichtert das Lernen 26
3. Der Arbeitsplatz und seine Ordner: Durchblick durch Ordnung 30
4. Morgenstund hat Gold im Mund? Leistungsfähigkeit und Tageszeit 32
5. Gedanken sind nur ein Teil vom Ganzen: Lernen mit der Einheit von Leib und Seele 35
6. Denken ist das Bewegen von Materie: Richtige Ernährung 40
7. Arbeitsplatz Bibliothek: Wo man besser lernen kann 43
8. Anlegen einer Materialsammlung und Gliederung 45
9. Lernarbeit: einzeln oder in der Gruppe? 51

Teil 2

Methoden und Techniken zum richtigen Lernen und Behalten 63

1. Vermeidungsverhalten abbauen 63
2. (K)Ein modernes Märchen: Durch Zettel kein Verzetteln 66
3. Der geistige Motor muß warm laufen 69

4. Lernportionen	71
5. Lernposition	73
6. Das Lernplateau und verteiltes Lernen	75
7. Pausen: geliebt und gefürchtet	77
8. Lernkanäle: Viele Wege führen zum Gehirn	85
9. Ende gut, alles gut: Der positive Abschluß	91
10. Vorbereitung der nächsten Lerneinheit	92
11. SQ3R: die Wunderformel des Herrn Robinson	93
12. Ähnlichkeitshemmung	104
13. Die differenzierte Vokabelkartei	106
14. Das mechanische Lernen ist gar nicht so mechanisch!	109
15. Zettelmethode, die Zweite: Von der richtigen Reihenfolge	111
16. Vortrag: Langeweile oder aktives Mitarbeiten?	113

Teil 3 — Selbsthypnose: Neue Methoden zur Verbesserung des Lernens und Behaltens . 117

1. Wie wirkt Hypnose?	117
2. Erste Übung: Autohypnose – Ruhebild und Einleitung	121
3. Der Knoten im Taschentuch? Funktioniert!	126
4. Zweite Übung: Autohypnose – Vorbereitung des Lernens	128
5. Vom richtigen Umgang mit den Innenbildern	130
6. Dritte Übung: Genauigkeit und Zeit zum Abspeichern	132
7. Der zweite Knoten im Taschentuch: Mentales Training	134
8. Vierte Übung: Bist du nicht willig – so brauche Erfolg!	137
9. Warum Pferde rechnen können und Banken pleite gehen: Die sich selbsterfüllende Prophezeiung	139
10. Fünfte Übung: Eile mit Weile	141
11. Weglaufende Gedanken müssen angehalten werden	143
12. Sechste Übung: Zeit vergeht subjektiv	146
13. Von der Negation des russischen Bären	149
14. Siebte Übung: Der Erfolgreiche	151
15. Achte Übung: Leseverbesserung	154
16. Neunte Übung: Alles hat Struktur	156
17. Zehnte Übung: Kürzer geht es wirklich nicht	159
18. Elfte Übung: Einschlafen mit Schäfchenzählen?	161

Teil 4 — Ratschläge für die Prüfungsvorbereitung vorbereitung 165

1. Einige Wochen vor der Prüfung 165
2. Lernen ohne Klage – dank der Jokertage! 168
3. Die Wochen und Tage bitte gut planen 169
4. Was wäre, wenn ...? 171
5. Der Tag vor der Prüfung 172
6. Der Prüfungstag 174
7. Der schöne Tag danach 176
8. Das Lerndiplom 177

Teil 5 — Vom richtigen Umgang mit dem PC Tips zur ökonomischen Textbearbeitung ... 181

1. Vorsicht für Übereifrige 181
2. Von harter und weicher Ware 184
3. Kleine Hinweise zum Ausbau Ihres PC-Arbeitsplatzes 187
4. Der Arbeitsstil verändert sich (etwas) 190
5. Vorher die Ordnung planen 192
6. Was Sie sich angewöhnen sollten 194
7. Tips zur Manuskripterstellung 196
8. Getrennt schreiben, zeichnen und rechnen, gemeinsam drucken 196
9. Literaturverzeichnis erstellen 201
10. Zusammenfügen aller Elemente und Textgestaltung 204
11. Ohne Druck der letzte (Aus-)Druck 207

Anhang

Literatur 211
Anhang A: Checkliste zur Lernkontrolle 212
Anhang B: Das Wichtigste nochmals ganz kurz 215
Anhang C: SQ3R-Methode 216
Anhang D: Vordruck für den Wochenplan 217
Anhang E: Vordruck für die Langzeit-Planung 219

Wie Sie dieses Buch benutzen sollten

Die Grundannahme, auf der dieses Buch basiert, lautet: Lernen ist anstrengend und kann teilweise eine mühselige Arbeit sein. Dies muß aber nicht so sein.

So wie jeder Arbeitsprozeß kann auch angemessenes und richtiges Lernen erklärt, erlernt, eingeübt und dann selbstverständlich und automatisch praktiziert werden – ohne daß es noch viel geübt werden muß.

Bei jedem Arbeitsprozeß gibt es kräftesparende und optimierende Techniken und Methoden, also auch beim Lernen und beim geistigen Arbeiten.

So wie bei jedem Arbeitsprozeß können aber auch beim Lernen Störungen auftreten, angefangen bei zu langsamem Lernen bis hin zu Leistungs- und Examensängsten. Auch hier gibt es geeignete Maßnahmen der Fehleranalyse und der Problemlösung.

> Das Buch ist eine Anleitung zur sinnvollen Verwaltung Ihres eigenen Arbeitsplatzes und zur Verbesserung Ihres eigenen Lernverhaltens.
>
> Es führt Sie in Form eines Kursprogrammes Schritt für Schritt zum Erwerb der richtigen Lerntechniken.
>
> Es zeigt, wie Sie durch Autohypnose Ihre Lernaufnahme verbessern und Prüfungsängste abbauen können.

Die einzelnen Kapitel sind zwar in sich weitgehend abgeschlossen, sollten aber dennoch nacheinander durchgearbeitet werden. Es soll ein Arbeitssystem vermittelt werden, das auch bei Lern- und Examensproblemen zufriedenstellend angewendet werden kann.

Die Kapitel sind kurz und prägnant gehalten und geben nur wesentliche Hinweise und Ratschläge; daneben sind aber auch die wichtigsten Fehler, die sich einschleichen können, angeführt.

> Besondere Lernhinweise sind durch einen Kasten hervorgehoben.

Bei späteren Wiederholungen können Sie sich allein auf diese Hervorhebungen konzentrieren.

Da viele Lernende Angst vor zeitlich aufwendigen Aufgabenstellungen haben, lassen sie oft wichtige Textpassagen aus.

Für dieses Kursprogramm ist aller theoretischer und wissenschaftlich interessierender Stoff unnötiger Ballast. Deswegen werden im laufenden Text keine Quellenangaben oder Literaturhinweise gegeben.

> Sinnvoll ist es, wenn Sie sich täglich mindestens eine neue Lerntechnik erarbeiten und in die Alltagspraxis umsetzen.
>
> Zu viele neue Methoden sollten Sie jedoch nicht gleichzeitig neu erlernen, da Sie diese sonst zu schnell oberflächlich behandeln.
>
> Beachten Sie bitte genau die einzelnen Schritte.
>
> Besonders die Übungen zur Autosuggestion müssen Sie sehr regelmäßig anwenden, damit sie Ihnen helfen können.

Wie Sie mit der Zeit merken werden, werden im vorliegenden Kursprogramm die im folgenden dargestellten Lerngesetze bereits praktiziert:

- Die einzelnen Lernelemente sind aufeinander aufgebaut.
- Es werden vorwiegend motivierende und positive Formulierungen verwandt.
- Es werden nie mehr als sieben Lernelemente angeboten, da diese Anzahl - wie Sie noch erfahren werden - eine optimale Lerneinheit bildet.
- Die einzelnen Sätze sind weitgehend kurz und als Instruktionen formuliert.
- Jedes der folgenden Kapitel kann mit einem Zeitaufwand von 3-6 Minuten erarbeitet werden. Die Übungen zur Selbsthypnose dauern ca. 15-20 Minuten.
- Zur leichteren Anwendung in der Praxis sind die wichtigsten Anweisungen und Pläne im Anhang zusammengefaßt. Das erspart unnötiges Blättern.

> Zu Ihrer eigenen Lernkontrolle sollten Sie in Wochenabständen überprüfen, wie gut Sie die einzelnen bislang erarbeiteten Techniken beherrschen. Benutzen Sie dazu in Anhang A die Checkliste zur Lernkontrolle.

Neueste Forschungen haben gezeigt, daß Verhalten in einer Sequenz von drei Sekunden abläuft. Als Folgerung daraus wurden die Texte kurz und prägnant gestaltet.

Wenn es möglich ist, sollte das gesamte Kursprogramm gemeinsam mit einem Partner oder einer Partnerin* durchgearbeitet werden. Das macht nicht nur mehr Spaß, sondern man kann sich auch leichter gegenseitig zum konsequenten Arbeiten anhalten.

Nun wünsche ich beim Arbeiten viel Erfolg!

Sie werden merken, daß es eigentlich recht leicht ist, erfolgreich zu sein.

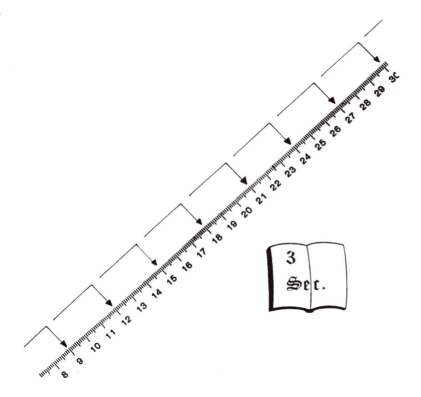

---

* Im folgenden wird der Einfachheit halber nur die maskuline Form verwandt, obwohl natürlich immer beide Geschlechter angesprochen und gemeint sind.

Gibt es Zauberformeln für ein besseres Lernen?

Im Mittelalter entstand bei den Alchimisten der Wunsch, nicht nur Gold (mit Hilfe des „Steins der Weisen") herzustellen, sondern auch Wissen so zuzubereiten, daß es schnell und sicher vermittelt werden konnte. Aus dem gleichen Wunsch entstammt wohl das Bild vom Nürnberger Trichter. Es ist ein Phantasiegerät, mit dem man Wissen einfach in den Kopf schütten kann. Davon träumen wir alle! – Ach, wenn es nur so einfach wäre!

Da wir über diesen Trichter leider nicht verfügen, müssen wir uns mit der Lern-Arbeit befassen. Daß es sich hier tatsächlich um Arbeit handelt, drücken die Synonyme für diese Tätigkeit aus:

büffeln, pauken, bimsen, einhämmern, einprägen...

Tatsächlich war die Pädagogik früherer Jahre und Jahrzehnte darauf ausgerichtet, Wissen handgreiflich einzubleuen.

Wir in unserer angeblich so modernen Zeit versuchen nun, bessere Methoden anzuwenden, um damit hoffentlich bessere Lernergebnisse zu erzielen. Einige dieser modernen Zauberverheißungen zur Lernverbesserung sollen kurz dargestellt werden.

Schnell-Lesekurse

In Seminaren oder Büchern werden Schnell-Lesekurse vermittelt. Sie erfordern meist ein intensives Training. Wenn man fleißig war, ist zwar die Leseleistung erhöht, aber die Lern- und Behaltensrate dadurch nicht automatisch verbessert. Lediglich die Aufnahmegeschwindigkeit ist gesteigert. Für das Lesen von Illustriertenberichten und Romanen mag dies ein Zeitgewinn sein. Für das Erarbeiten von wissenschaftlichen Texten wird dies jedoch weniger effektiv sein, da auch Analysen und Vergleiche während des Lesens erforderlich sind.

Superlearning

Der Lernstoff wird auf Tonkassetten vermittelt. Vorwiegend handelt es sich um das Erlernen von Fremdsprachen. Die theoretischen Konzepte sind kaum verstehbar. Manche Aspekte wirken wahrscheinlich, weil man daran glaubt – was ja zulässig ist.

Böse Zungen behaupten, daß ein dem Kurspreis entsprechender mehrtägiger Auslandsaufenthalt die gleiche Sprecheffektivität bewirke und mehr Spaß mache.

Subliminals

Bei dieser Methode werden angeblich auf Tonkassetten unterschwellige Lerninformationen (subliminals) suggeriert. Der Lernende hört bewußt nur Allgemeininstruktionen, bekommt aber unterhalb seiner Hörschwelle eine akustische Information. Aufgrund der Unterschwelligkeit werden angeblich willentliche und unbewußte Lernhindernisse umgangen. Lernen erfolgt also gewissermaßen durch die Hintertür.

Es gibt hier ein breit gefächertes Marktangebot von der Raucherentwöhnung über die Eßkontrolle bis hin zur Lernbeeinflussung. Die von den steigenden Absatzzahlen profitierenden Produzenten sind bislang den wissenschaftlich kontrollierbaren Nachweis einer Lernverbesserung noch schuldig geblieben.

Elektronische Analysen der Tonträger ergaben, daß auf den Tonspuren, auf denen sich unterschwellige akustische Informationen befinden sollen, keine meßbaren Magnetsignale aufzufinden sind ... so unterschwellig kann es zugehen!

Alpha-Detektoren und Mind Machines

Mithilfe von speziellen Geräten wird in die Elektroaktivität des Gehirns eingegriffen. Die beiden spiegelbildlich angeordneten Hirnhälften werden bekanntlich von Augen und Ohren durch überkreuz laufende Nervenbahnen (Chiasma) mit Impulsen versorgt. Mittels der Geräte elektronisch gesteuert, werden über Auge und Ohr synchrone, aber phasenverschobene Impulse gegeben, die im Chiasma zu Wellenüberlagerungen (Schwebungseffekten) führen und dadurch Einfluß auf die Hirnströme nehmen. Auf diese Weise können von außen angeblich tiefe Entspannungszustände „produziert" werden.

Der Einfluß auf die Lernleistung ist auch hier noch nicht belegt worden.

Medikamente

In unterschiedlichsten Reklamebroschüren werden viele Medikamente als Lern- und Konzentrationshelfer angepriesen. Bei körperlicher Erschöpfung oder Erkrankung sind wir natürlich beeinträchtigt. Dann helfen auch Pillen. Ob tatsächlich eine verbesserte Hirndurchblutung und Leistungsverbesserung erzielt wird, ist meines Wissens noch nicht wissenschaftlich haltbar bewiesen worden.

Bei vernünftiger abwechslungsreicher Ernährung sind Körper und Gehirn optimal versorgt und benötigen keinerlei chemische Unterstützung, die dann als Überschuß sowieso ausgeschieden wird. Zu leicht entwickelt man eine „Pillen- oder Spritzenmentalität", aufgrund der Wunschvorstellung, daß die passive Einnahme „dreimal täglich" uns der langen Lernmühen entbindet.

Autogenes Training

Das Entspannungsverfahren ist aufgrund seiner Ruhewirkung besonders bei Streß und psychosomatischen Beschwerden sinnvoll und erprobt eingesetzt worden. Es kann nach dem Erlernen in einem Kurs eigenständig angewandt werden.

Lernen wird durch die streßreduzierende Wirkung des Autogenen Trainings indirekt beeinflußt. Eine direkte Lernverbesserung wird nicht erzielt.

Wie man sieht, wird viel versprochen und nur wenig davon prüfbar gehalten. Der Traum vom Nürnberger Trichter wird so mit Hilfe der Esoterik weitergeträumt.

Da Lernen ein aktiver Aufnahme- und Verarbeitungsprozeß ist, kann es also nur mit aktiven Methoden verbessert werden.

Als Kursteilnehmer des Buches müssen Sie sich also aktiv für sich selbst einsetzen – als Ausgleich dafür wissen Sie stets, was mit Ihnen geschieht.

Ganz wesentlich ist dabei, daß Sie Ihre Erfolge dann auch stets für sich verbuchen und auf sich stolz sein können.

Lernverbesserung durch Autohypnose

Das seit Jahrtausenden bewährte Verfahren der Hypnose in Psychotherapie und Medizin vermag unterschiedliche körperliche und seelische Beschwerden bzw. Krankheiten zu heilen – auch deren Ursachen.

Unseriöse Heilanbieter und Showhypnotiseure behaupten, mit einer oder wenigen Sitzungen große Wirkungen zu erzielen, z.B. Raucher zu entwöhnen oder Lernen zu verbessern. Sie legen jedoch nie ihre Statistiken offen dar.

> Mit seriös und fachlich kompetent angewandter Hypnose und entsprechenden Suggestionen läßt sich Lernen und geistiges Arbeiten nachgewiesenermaßen deutlich verbessern.

Fachlich kompetent sind z.B. Diplom-Psychologen oder Ärzte mit Praxiserfahrung in Psychotherapie und einer anerkannten Zusatzausbildung in Hypnose. Diese Fachleute sind im Lande noch sehr dünn gestreut, ihre Wartezeiten oft sehr lang. Da sie natürlich Honorare nehmen müssen, wird sich kaum ein Oberstufenschüler oder ein Student an sie wenden.

Warum ausgerechnet Hypnose?

Gerade Hypnose ist in den letzten Jahren interessant und bekannter geworden. In keinem Bücherregal für Esoterikliteratur fehlt ein populär geschriebenes Buch über unwissenschaftliche, angeblich Wunder wirkende Hypnose. Damit sind die seriösen Therapieverfahren, die unter Hypnose angewandt werden, ungerechtfertigterweise in eine etwas zwielichtige Ecke geschoben worden, in die sie nicht gehören.

> Hypnose ist kein esoterisches Verfahren, sondern eine wissenschaftlich erprobte Methode.

In meiner langjährigen Tätigkeit als Leiter einer großen Beratungsstelle für Erziehungs- und Familienfragen habe ich auch mit zahlreichen Lern- und Leistungsstörungen von Kindern, Jugendlichen und Studenten zu tun. Von den inzwischen circa 10000 Ratsuchenden hatte ungefähr ein Drittel diese Probleme. Typisch ist, daß sie mit Ängsten, Unsicherheiten, Motivationsproblemen und unangemessenen Lerntechniken verbunden sind. Als übergeordnete Ursachen liegen z.B. Geschwisterrivalität, Ablehnung durch die Eltern, Eheprobleme etc. vor. Diese Probleme müssen entsprechend behandelt werden.

Unabhängig davon müssen meist umfassende Programme zum Erwerb von Lerntechniken angewandt werden. Als äußerst erfolgreich hat sich hier in der Praxis die Kombination mit Hypnose, besonders Selbsthypnose, erwiesen. Auf diese Weise erlangt der Schüler oder Student seine Eigenständigkeit und Selbstbestimmung wieder. Er fühlt sich dann nicht mehr so abhängig von den eigenen Problemen und kann sie immer mehr selbst lösen. Wesentlich ist dabei, daß Hypnose nie isoliert angewandt werden sollte – und das wird oft falsch verstanden.

> Hypnose wird stets in einen übergeordneten Kontext integriert, eingebettet in eine spezielle Therapiemethode, angewandt.
>
> Für unsere Zwecke ist die Selbsthypnose (=Autohypnose) Bestandteil eines umfassenden Lern- und Arbeitskonzeptes, das im ersten Kursteil erarbeitet werden wird.

Im Verlauf des hier angebotenen Kursprogramms werden gezielte Lern- und Arbeitstechniken eingeübt. Damit verbunden werden dann in kleinen Stufen die einzelnen Schritte der Autohypnose vermittelt. Gleichzeitig werden Selbstsuggestionen vorgestellt, die Sie bei unterschiedlichen Problemstellungen anwenden können.

- Durch regelmäßiges Anwenden der einzelnen Schritte des Kurses können Sie immer mehr Sicherheit im Lernen gewinnen.
- Sie werden wesentlich ökonomischer lernen und arbeiten, wenn Sie diese Arbeitstechniken erlernen und später mit geeigneten Selbstsuggestionen der Hypnose kombinieren.
- Das entbindet Sie natürlich nicht davon, Ihren Lernstoff anzugehen und dabei zahlreiche Hindernisse zu überwinden. Auch dabei soll Ihnen der Kurs helfen.

Was Hypnose beim Lernen sowie vor und in der Prüfung bewirken soll

Das hier vorgestellte Lernprogramm mit Hypnose ist in meiner Praxis als Psychotherapeut seit über zwölf Jahren erprobt, das reine Programm zur Verbesserung der Arbeitsmethoden seit über zwanzig Jahren. Es war bislang bei Schülern unterschiedlichen Alters und Studenten unterschiedlicher Fachrichtungen bzw. Lernanforderungen erfolgreich. (In gewisser Weise bin ich recht stolz darauf, daß bislang alle damit behandelten Personen ihre Prüfungsziele geschafft haben – sogar besser als je von ihnen erhofft.)

Mit dem Hypnose-Lernprogramm kann bei richtiger Anwendung erreicht werden:
- Tiefe Entspannung, dadurch Erholung und bessere Stoffaufnahme
- Zunahme des Leistungsvertrauens
- Verbesserung der Arbeitsmotivation
- Verbesserung der Arbeitsökonomie
- Steigerung des Behaltens
- Ultra-Kurzentspannung, besonders für Prüfungen
- Abbau von Lern- und Leistungsstörungen
- Abbau von Prüfungsängsten
- Verbesserung der Abrufbarkeit des Gelernten

Praxisbeispiele zur Verdeutlichung

Ein Student befindet sich einige Wochen vor dem Abschlußexamen. Er hat bislang fleißig gelernt. Eines Tages bemerkt er mit Schrecken, daß er Bücher liest und kurze Zeit darauf nicht mehr weiß, was darin steht. Bereits nach einer Buchseite kann er nichts von dem Inhalt wiedergeben. Alles ist wie ausgelöscht. Das ist anfangs hinderlich, wird dann unangenehm und führt schließlich zu Versagensängsten und Hilflosigkeit. Die Zeit verrinnt und unter großem Arbeitsaufwand werden bescheidene Ergebnisse erreicht. Der Leistungsabstand zu den Studienfreunden nimmt zu, die Prüfung naht.

Eine äußerst unangenehme Phase war das, die ich – denn ich war dieser Student – damals erlebte. Aus dem mir damals zugänglichen Wissen ersann ich eine Entspannungsmethode, die der hier vorgestellten sehr ähnlich ist. Im Stundenabstand wandte ich eine circa viertelstündige Entspannung an und bereits nach wenigen Tagen kehrte meine alte Energie zurück, ja nahm sogar zu. Nach dieser Entspannung war ich stets ausgeruht, voller Tatendurst und konnte mit Leichtigkeit lernen und behalten, nun sogar beneidet von meinen Freunden.

Auch in späteren Jahren konnte ich bei zahlreichen anstrengenden Zusatzausbildungen, die parallel zum Beruf erfolgten, auf diese Weise meine Lernkapazität optimieren. Viele Jahre später entwickelte ich das hier vorgestellte Lernprogramm unter Hypnose.

Das soll als Ausschnitt aus meiner Autobiographie reichen. Es sollte zeigen, daß ich selbst als Betroffener erlebt habe, was mir später viele Schüler und Studenten immer wieder berichteten:

Ein Medizinstudent, der sein Physikum nicht schaffte, ist verzweifelt. Einerseits arbeitet er über zehn Stunden täglich und ist über seinen minimalen Lernzuwachs frustriert; andererseits vertrödelt er viele Tage, vermeidet das Arbeiten.

Bereits nach wenigen Sitzungen kann er die hier vorgestellte Methode anwenden und lernt nun effektiv. Mit Gelassenheit erwartet er die nächste Prüfung. Danach berichtet er, noch nie so gelassen und zuversichtlich in einer solchen Streßsituation gewesen zu sein. Bei späteren Prüfungen wendet er die Methode eigenständig an und ist weiterhin erfolgreich.

Zwei Studenten der Ingenieurwissenschaften möchten sich zehn Wochen vor der Endprüfung absichern. Mit dem hier dargestellten Programm können sie ihre Leistungsfähigkeit steigern. Nach dem Examen sind sie begeistert, mit welcher Selbstverständlichkeit sie bei besten Zensuren ihr Examen absolvierten.

Eine hilflose Oberstufenschülerin mit starken Leistungseinbrüchen durchläuft nach dem Programm eine erfolgreiche Schulzeit, ihr Abitur ist gesichert und wird erfolgreich gemeistert.

Diese wenigen Fälle stellen keine „geschönte" Auswahl dar, sondern repräsentieren den Normalfall.

Ausnahmen? Sicherlich gibt es die!

Eine ängstliche Studentin, die bereits zweimal durchgefallen war, erscheint zwei Wochen vor der Prüfung und bittet um Hilfe. Eine Schnell- und Kompaktform des Programms erbringt hier natürlich keine Traumzensuren, sie kann jedoch das Studium erfolgreich abschließen.

Ein elf Wochen vor seinem Abitur stehender Schüler will zwar vordergründig Hilfe, ist jedoch nicht bereit, mehr als eine halbe Stunde pro Tag für die Schule zu arbeiten, da ihm andere Tätigkeiten wichtiger sind. Die Hypnoseübungen werden von ihm nicht angewandt. Er läßt nichts an sich herankommen – und fällt konsequent durch.

Diese Beispiele sollten der Ehrlichkeit halber ebenfalls erwähnt sein; sie sind glücklicherweise die Ausnahme.

Das vorliegende Buch ist ein Kursprogramm

Sie durchlaufen in diesem Buch einen Kurs, durch den Sie lernen können, sicherer und leichter zu lernen und auch mit Prüfungsängsten besser umzugehen.

➡ Im **ersten Kursteil** werden Sie mit den neun Grundlagen des Lernens und geistigen Arbeitens vertraut gemacht. Den Anfang bildet leider das Aufräumen.

➡ Im **zweiten Kursteil** werden Sie sechzehn Arbeitstechniken kennenlernen, mit denen Sie Ihr Lernverhalten verbessern können. Das Prinzip ist dabei: Weniger büffeln, aber mehr und besser wissen!

➡ Im **dritten Kursteil** werden Sie in elf Übungen die gezielte Anwendung von Autohypnose und Autosuggestion lernen und damit Ihr Lernverhalten noch gewinnbringender gestalten. Dieser Teil wird Ihnen wahrscheinlich am besten gefallen.

➡ Im **vierten Kursteil** bekommen Sie in sieben Kapiteln noch konkrete Ratschläge für Ihre Prüfungsvorbereitungen. Sie werden durch gezielten Hypnoseübungen Prüfungsängste besser abbauen können. Am Schluß, wenn die Prüfungen vorbei sind, erkennen Sie, daß Sie alles prima gekonnt haben.

➡ Im **Anhang** finden Sie nochmals die wichtigsten Anweisungen und Pläne zur Zeitplanung und Selbstkontrolle.

Grundlagen des Lernens und des geistigen Arbeitens

1. Verstärkung und Leistungsverbesserung
2. Differenzierung am Arbeitsplatz erleichtert das Lernen
3. Der Arbeitsplatz und seine Ordner: Durchblick durch Ordnung
4. Morgenstund hat Gold im Mund? Leistungsfähigkeit und Tageszeit
5. Gedanken sind nur ein Teil vom Ganzen: Lernen mit der Einheit von Leib und Seele
6. Denken ist das Bewegen von Materie: Richtige Ernährung
7. Arbeitsplatz Bibliothek: Wo man besser lernen kann
8. Anlegen einer Materialsammlung und Gliederung
9. Lernarbeit: einzeln oder in der Gruppe?

Grundlagen des Lernens und des geistigen Arbeitens

1. Verstärkung und Leistungsverbesserung

Selbst anfangs angenehme Tätigkeiten können mit der Zeit langweilig, anstrengend und sogar unangenehm werden, wenn wir nicht Verstärkung (= Belohnung, Erfolg, Anerkennung) dadurch erhalten.

Durch positive Rückmeldungen werden wir darin verstärkt, diese Tätigkeit weiter (intensiver, besser) auszuüben.

Gerade bei langen Lernperioden oder Prüfungsvorbereitungen dauert es viele Tage oder sogar Monate, bis wir die Rückmeldung in Form einer guten Zensur erhalten. Das fördert leider nicht unsere Lernmotivation. Deshalb müssen wir besonders darauf bedacht sein, uns während des Lernens angemessen zu verstärken und dadurch zu motivieren.

> Verstärkungen müssen möglichst oft und sofort erfolgen.
>
> Deshalb werden Sie es lernen, Ihre Lernfortschritte deutlicher wahrzunehmen, also bereits nach kurzen Zeitphasen und Lernabschnitten.
>
> Sie werden lernen, sich selbst für Ihr Lernen zu verstärken.
>
> Sie werden dadurch mehr Sicherheit gewinnen und mehr Freude am Lernen bekommen.

Womit Sie sich belohnen können?

Am besten sollten Sie dabei abwechslungsreich und erfinderisch sein. Da Sie sich doch recht gut kennen, werden Sie recht leicht Ideen zur Belohnung entwickeln.

Hier einige Vorschläge zur Belohnung:

Materielle Verstärkungen sind alle Konsumgüter, die unser Herz erfreuen. Da diese Art der Verstärkung jedoch schnell an finanzielle Grenzen stoßen kann, sollten Sie diese für besondere Gelegenheiten aufheben.

Falls Sie z.B. einen Bleistift kaufen müssen, so dürfen Sie zur Belohnung für Ihre Arbeitskonsequenz einen besonders hübschen aussuchen (der einigermaßen erschwinglich ist). Falls jedoch keine Belohnung angesagt ist, dann darf nur der spartanisch Grüne erworben werden.

Dies soll zeigen, daß man aus den Notwendigkeiten des Alltags schöne Ereignisse machen kann.

Als ich über Jahre abends an meinem Lehrbuch der Hypnose arbeitete, kaufte ich mir besonders hübsche farbige Büroklammern. Immer wenn ich 5–10 Seiten ausgedruckt hatte, belohnte ich mich damit, diese Seiten mit einer farbigen Klammer zusammenzuheften. (Übrigens benutze ich diese Klammern heute immer noch sehr gern.)

Die Belohnung für sehr erfolgreiche Tage oder für den Abschluß einer gut verlaufenen Woche darf dann z.B. ein Kinobesuch sein, auf den man sich schon lange freut und den man dann besonders genießt.

> **Bei Belohnungen müssen Sie konsequent und ehrlich sein.**
>
> Ist das vereinbarte Ziel erreicht, müssen Sie sich sofort belohnen.
>
> Ist das vereinbarte Ziel nicht erreicht, dann dürfen Sie sich nicht belohnen. Dadurch werden Sie sich genauer damit befassen, warum Sie dieses Ziel nicht erreicht haben.

In gleicher Weise können Sie Nahrung als Verstärkung einsetzen, aber hier lauert manche Gefahr: Gummibärchen, Schokolade etc. gefährden natürlich, im Übermaß genossen, durch die Kalorienzufuhr das Idealgewicht. Alkohol wiederum birgt die Gefahr der Gewöhnung und Abhängigkeit.

> Körperliche Aktivitäten sind gerade für Lernende eine nahezu optimale Verstärkungsmöglichkeit.
>
> Nach langem Sitzen benötigen Sie in besonderem Maße Bewegung.
>
> Bewegung ist dann Abwechslung, Erholung, Ausgleich.

Weitere angenehme Tätigkeiten brauche ich Ihnen nicht aufzuzählen, da sie von A = Autofahren bis Z = Zoobesuch reichen können. Wird die Pausenzeit zur Belohnung immer knapper, dann können auch bislang weniger attraktive Tätigkeiten eingesetzt werden – von A = Abwasch bis Z = zum Bäcker gehen – und belohnend sein.

Keine Belohnung – was läuft falsch?

Falls Sie sich über längere Zeit (mehrere Tage) nicht mehr belohnen konnten, dann sollten Sie folgende Analyse vornehmen:

Fragen an mich:	ja	weiß nicht	nein
1. Ist mein eigener Leistungsanspruch zu hoch?	☐	☐	☐
2. Habe ich zu wenig gearbeitet? Warum habe ich zu wenig gearbeitet?	☐	☐	☐
3. Habe ich zu viel gearbeitet? Warum habe ich zu viel gearbeitet?	☐	☐	☐
4. Habe ich zu wenig behalten?	☐	☐	☐
5. Habe ich zu wenig verstanden?	☐	☐	☐
6. Ist der Stoff zu schwer?	☐	☐	☐
7. Habe ich mein Kursprogramm angemessen befolgt?	☐	☐	☐
8. Gibt es lernhemmende Gründe wie Familie, Freunde, Geld, Wohnung?	☐	☐	☐
9. Nehme ich die Lernerei überhaupt ernst?	☐	☐	☐
10. Wer kann mir bei möglichen Schwierigkeiten helfen?	☐	☐	☐

2. Differenzierung am Arbeitsplatz erleichtert das Lernen

Differenzierung bedeutet, Unterschiedlichkeiten zu erkennen und mit diesem Lernzugewinn weiterzuarbeiten.

Das fängt schon beim Arbeitsplatz an. Schauen Sie sich bitte Ihren Arbeitsplatz an. Befinden sich dort nur die arbeitsrelevanten Unterlagen? – Bitte schauen Sie nochmals genauer hin und Sie werden viele Dinge entdecken, die mit der Arbeit direkt nichts zu tun haben. Lernen Sie hier bitte zu differenzieren zwischen den Gegenständen, die ablenken können, und den Gegenständen, die für Ihre Arbeit wichtig sind. Je besser Sie diese Unterscheidung treffen können, um so leichter werden Sie zwischen Arbeit und Freizeit unterscheiden können.

Arbeiten Sie immer an einem festen Arbeitsplatz?

Falls Sie einmal am Schreibtisch, dann auf dem Sofa und später im Bett lernen, dann haben Sie für sich keine ausreichenden Unterscheidungen zwischen Arbeitsplatz und Freizeitbereich getroffen. Wird der Schreibtisch gleichzeitig als Hobbytisch und als Lernmöbel genutzt, fällt es ebenfalls sehr schwer, immer die im Moment richtigen Funktionen zu erkennen und sich entsprechend zu verhalten: Man wird schnell am Schreibtisch abgelenkt sein, wenn man arbeiten will und dabei an sein Hobby erinnert wird. Man möchte dann seine Hobbyaktivitäten ergreifen. Der umgekehrte Fall kann natürlich in gleicher Weise unangenehm werden: Man wundert sich, warum man auf dem Sofa nicht entspannen kann – oder noch fataler, warum man in seinem Bett nicht schlafen kann. Hier haben wir die einzelnen Funktionsbereiche so vermischt, daß unser Körper und unsere Seele nun gar nicht mehr so richtig wissen, was sie nun wo tun sollen.

> Trennen Sie deutlich zwischen Arbeitsbereich und Freizeitbereich.
> Belassen Sie auf Ihrem Schreibtisch nur die für die Arbeit wesentlichen Gegenstände.
> Der Schreibtisch ist ausschließlich für die Lernarbeit bestimmt.

Bei Pausen- und Freizeittätigkeiten wird der Schreibtisch verlassen und der übrige Bereich der Wohnung steht dann zur Verfügung.
Dies muß ganz konsequent eingehalten werden!

Auf diese Weise fällt es Ihnen viel leichter, mit der Arbeit anzufangen und sie ohne Ablenkungen konzentriert durchzuführen. Falls z.B. ein Freund Sie anruft und mit Ihnen plaudern will, so sollten Sie dann den Schreibtisch verlassen und in Ihren Freizeitbereich gehen.

Da Sie inzwischen Ihren Schreibtisch gründlich überprüft haben, sind alle für die Arbeit nicht wesentlichen Gegenstände im Freizeitbereich gelandet. Also sind dadurch die Ablenkungen am Arbeitsplatz reduziert. Gleichzeitig wird der Freizeitbereich noch attraktiver.

> Prüfen Sie immer zu Arbeitsbeginn, ob sachfremde Gegenstände vom Arbeitstisch entfernt werden müssen.
> Auch Speisen sollten vom Arbeitsbereich entfernt werden.
> Essen Sie nur im Freizeitbereich.

Das klingt sehr puristisch und überdisziplinert. Es dient jedoch nicht nur zur Verbesserung der Arbeitsmoral, sondern auch zur Verbesserung der raren Freizeitmöglichkeiten. Der Freizeitbereich sollte so abgeschirmt sein, daß Sie dort nur entspannende Dinge tun, die Sie dann auch mit bestem Gewissen zu Ihrer Entspannung tun dürfen.

Falls Ihnen also im Freizeitbereich ein Fachbuch in die Hände fällt, so sollten Sie es von dort entfernen. Entweder legen Sie es in den Arbeitsbereich und Sie entspannen sich weiter auf dem Sofa – oder Sie gehen damit an den Schreibtisch und lesen es dort.

Diese strikte Trennung zwischen Arbeits- und Freizeitbereich ist in vielen Berufen selbstverständlich und bringt zahlreiche Vorteile mit sich, die Sie sich ebenfalls nutzbar machen sollten.

Nun zu den Ausnahmen:

Falls der Wohnbereich beengt ist und eine räumliche Differenzierung nicht möglich ist, muß natürlich der einzige Tisch notwendigerweise zum Arbeiten, Essen und für Hobbytätigkeiten benutzt werden.

Unter derartigen Umständen müssen Sie erst recht eine klare Unterscheidung der relevanten Gegenstände und Bereiche treffen. Wenn es möglich ist, sollten Sie dadurch für eine Abwechslung sorgen, daß Sie evtl. den Funktionen entsprechend andere Sitzplätze einnehmen. Dies bietet neben der arbeitsförderlichen Differenzierung den Vorteil, Abwechslung durch unterschiedliche Blickperspektiven zu bekommen.

Denken Sie daran, daß Ihre Arbeit ja nicht nur auf Ihren Wohnbereich beschränkt sein muß. Lesesäle, Institutsräume und Bibliotheken stehen ebenfalls zur Verfügung. Bei schönem Wetter kann es auch der nahegelegene Park sein. (Da meine Studentenbude sehr klein war, habe ich im Sommer viel in einem Park gelernt. Daher kommt wohl auch das Vorurteil, Studenten lernen wenig, da sie so schön sonnengebräunt sind.)

Der Tisch, an dem Ihre Karriere beginnt

Möbel-, Büro- und Einrichtungshäuser wissen oft recht gut über angemessene Maße von Möbeln – hier besonders Büromöbeln – Bescheid. Achten Sie darauf, daß Sie an einem relativ arbeitsgünstigen Platz sitzen.

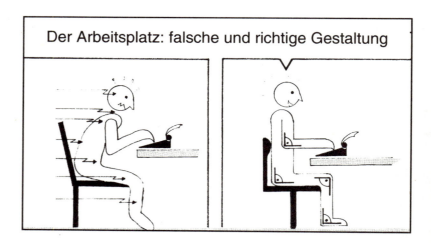

1. Die Arbeitsplatte wird meist 75 cm hoch sein, so daß die Unterarme bei aufrechter Sitzhaltung locker aufliegen können.

2. Die Sitzhöhe wird so eingestellt, daß bei aufgestellten Füßen die Oberschenkel waagerecht ausgerichtet sind.

3 Der Stuhl sollte eine feste Rückenlehne haben, an die Sie sich anlehnen können. Rutschen Sie dabei mit dem Gesäß weit nach hinten.

4. Das Licht sollte von vorn oder seitlich vorn Ihre Schreibhand ausleuchten. Also kommt bei Rechtshändern das Licht von links.

5. Arbeitsmittel wie Schreibgeräte (z.B. Kugelschreiber, Lineal, Anspitzer) liegen für den direkten Zugriff bereit.

6. Oft benötigte Arbeitshilfen wie Wörterbücher, Tabellen- und Formelsammlungen, Nachschlagewerke etc. befinden sich in Reichweite.

7. Auf einer in Reich- und Sichtweite befindlichen Pinnwand werden wichtige Termine, Merkzettel mit Regeln, Ihr Arbeits- und Terminplan etc. angeheftet.

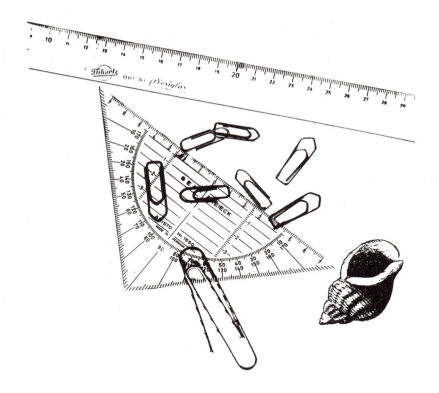

3. Der Arbeitsplatz und seine Ordner: Durchblick durch Ordnung

„Wer Ordnung hält, ist nur zu faul zum Suchen"

(Volksmund)

Diese alte „Volksweisheit entstammt weniger einer weisen Einsicht als vielmehr einer Notsituation. Als Herr Volksmund mal wieder seine Unterlagen nicht sofort finden konnte und in seinen zahlreichen Stapeln von Schriftsachen erfolglos wühlte, fiel ihm dieser lockere Spruch ein. Er brachte ihm inzwischen einige freundliche Lacher ein. Nachdem er aber seine Unterlagen immer noch nicht finden konnte, wandte er sich hilfesuchend an ein kompetentes Buchgeschäft. Dort wurde ihm das vorliegende Kursprogramm wärmstens empfohlen. Nach anfänglichen Widerständen (erst war es der Preis, dann angeblich die Zeit) arbeitet er nun damit, und seine Karriere nimmt einen stetigen Anstieg.

Die Kultur der Ordner und Sammler

Gewöhnen Sie sich daran, die einzelnen Arbeitsmittel und -hilfen, Ordner etc. stets an die gleiche Stelle zu legen. Sie sparen sich dadurch enorme Sucharbeit – und damit natürlich auch Zeit und Nerven.

Keine Angst – es wird schon nicht in überbürokratische Zwanghaftigkeit ausarten!

Sie sammeln mit der Zeit zahlreiche Informationen wie z.B.:

– Mitschriften (vom Unterricht, Vorlesungen, Seminaren)
– Notizen über Artikel oder Bücher (= Exzerpte)
– vervielfältigte Materialien wie Skripten
– Kopien von Artikeln
– Ausschnitte aus Zeitungen, Fachzeitschriften

Diese Informationssammlungen sind anfangs klein und unbedeutend und nehmen später einen ungeheuren Umfang ein. Und da soll man sich dann auskennen – zielsicher und inhaltlich treffend.

Ordnung für Ordner

Tatsächlich benötigen Sie eine sinnvolle und überschaubare Ordnung für Ihre Materialsammlungen:

– Legen Sie für jedes Fach oder Themengebiet einen extra Ordner an – oder nehmen Sie durch entsprechende Trennblätter in den Ordnern Unterteilungen vor.
– Kennzeichnen Sie die einzelnen Ordner und Unterteilungen prägnant. Auch das hört sich sehr zwanghaft und übergenau an, aber es geht dar-

um, den Überblick zu behalten und gespeichertes Material schnell wiederzufinden.
– Bei einer größeren Materialsammlung sollten Sie Inhaltsverzeichnisse der Ordner anlegen. Diese Inhaltsverzeichnisse heften Sie dann ebenfalls in einem bestimmten Ordner ab.
– Wenn Sie eine umfassende Ausarbeitung (Hausarbeit, Semesterarbeit, Seminararbeit, Examensarbeit) anzufertigen haben, so hilft Ihnen diese Art der Strukturierung immens.

Für mein Lehrbuch der Hypnose hatte ich 30 Aktenordner mit Notizen, Artikeln und Kopien, circa 120 Bücher und um die 200 Fachzeitschriften gleichzeitig zu überblicken – zusätzlich noch etwa 8.500 Karteikarten. Das sei hier erwähnt, nicht um aufzutrumpfen, sondern um aus der Praxis zu berichten. Bei einem solchen Unternehmen hilft nur Genauigkeit in der Verwaltung. Anderenfalls wundert man sich am Ende mühseliger Ausarbeitungen, daß man plötzlich einem Artikel begegnet, der gerade am Anfang der Ausarbeitung grundlegende Informationen gegeben und so viele Arbeitsstunden erspart hätte.

In gleicher Weise sollten Karteien verwaltet werden
– Ordnen Sie Ihre Informationen nach übersichtlichen Kategorien, und kennzeichen Sie diese entsprechend, damit Sie das Material nach Gebrauch wieder richtig einsortieren können. Oft hilft hier eine Zahl (Karteikasten), ein Kurzwort, eine Farbmarkierung, unterschiedliche Farben der Karteikarten etc. Der Phantasie und Genauigkeit sind hier keine Grenzen gesetzt.
– Mitunter muß eine Karte vervielfältigt werden, da sie mehrfach einzuordnen ist, z.B. wenn ein Begriff in unterschiedlichen Kategorien wiederkehrt. In solchen Fällen sollten die Karten die entsprechenden Querverweise enthalten. Dadurch wird man auf die Parallelität stets hingewiesen.
– Empfehlenswert ist auch, daß bei umfangreicheren Karteisammlungen sowohl das Sachstichwort als auch der dazugehörende Autor festgehalten werden. Gerade wenn sehr viele Zitate aufgenommen werden müssen, sollte eine Sach- und eine Autorenkartei erstellt werden. Falls die Erinnerung bei der einen Kartei nicht fündig wird, dann eben bei der anderen.
– Falls Karten (noch) nicht eindeutig zugeordnet werden können, so werden sie in einem Extrafach des Karteikastens abgelegt, bis später dann eine Zuordnung möglich sein wird.

Der Vorteil einer solchen Sammlung besteht darin, daß sie stets flexibel erweitert und umstrukturiert werden kann. Gleichzeitig können Sie diverse Karten mitnehmen, wenn Sie in der Bibliothek oder im Institut mit bestimmten Begriffen weiterarbeiten bzw. Literaturangaben suchen wollen.

4. Morgenstund hat Gold im Mund? Leistungsfähigkeit und Tageszeit

In der Arbeitswelt ist oft erforscht worden, welche Tageszeiten besonders produktive Leistungen begünstigen und welche Leistungstiefs mit Fehlerquoten und Unfallgefahr zeitlich gekoppelt sind. Danach stellte man fest, daß ein Leistungshoch vormittags um circa 11.00 Uhr liegt und nachmittags um circa 16.00 Uhr. Leistungstiefs liegen morgens um circa 8.00 Uhr und am frühen Nachmittag um circa 14.00 Uhr, dann natürlich abends mit zunehmender Nachtzeit.

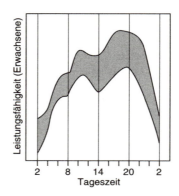

So! Nun stehen wir da und müssen in allen Schulen die Stundenpläne ändern! Kein Stundenplan der Schule oder der Universität nimmt auf diese Leistungskurven Rücksicht.

Das ließe sich technisch wahrscheinlich kaum bewältigen, es sei denn, man würde in einem Ganztagsbetrieb tätig werden. Aber auch Ganztagsschulen können diese hohe Forderung keinesfalls erfüllen.

Nun, die Ergebnisse aus der Arbeitswelt sind nicht unbedingt auf schulisches oder studentisches Lernen zu übertragen. Die Abfolge von Arbeit und Pausen sind in den beiden Bereichen „Beruf" und „Lernen" ebenfalls sehr unterschiedlich eingerichtet.

Wesentlich ist jedoch die Gewöhnung an die Art der geistigen Arbeit.

> In der Schule wird durch Stundenplan, Lehrerwechsel und Lernanforderungen ein Rhythmus vorgegeben.
>
> Bei den Hausaufgaben oder studentischen Lerntätigkeiten wird dagegen eigenständig gearbeitet. Um sich auch hier auf einen festen Rhythmus einzustellen, sollten Sie sich deshalb an regelmäßige und feststehende Lernzeiten gewöhnen.

Ihr Körper stellt sich nach wenigen Tagen auf den angelegten Rhythmus ein und Ihre Lernbereitschaft wird ebenfalls an die Regelmäßigkeit gewöhnt.

Wenn Sie eine schwere Arbeit verrichtet haben, dann benötigen Sie natürlich angemessene Erholungspausen.

Der Schüler, der nach sechs oder mehr Unterrichtsstunden heim kommt, braucht nun intensive Erholung – unabhängig von der starr festgelegten Arbeitsregelung. Gleiches gilt natürlich für schwierige Vorlesungen und Seminare.

> Vor und nach dem Mittagessen sollte eine Erholungspause eingelegt werden.
>
> Gerade nach dem Mittagessen ist die Ermüdung besonders hoch. Um so wichtiger ist die Pause – also genießen Sie diese Pause.

Bereits die alten Römer prägten den Spruch „Plenum venter non studet libenter – Ein voller Bauch studiert nicht gern". Das trifft tatsächlich zu, da durch erhöhten Durchblutungsbedarf des Magens nun das sauerstoffverbrauchende Gehirn etwas knapper versorgt wird und uns somit müde werden läßt.

> Eine Pause von 20-30 Minuten nach dem Mittagessen reicht oft aus, um wieder fit zu sein.
>
> Erlaubt sind alle Tätigkeiten während dieser Pause, die entspannen, schön sind, nicht zu weit wegführen und fristgerecht beendet werden können. Ihrer Phantasie sind hier kaum Grenzen gesetzt.

Die Hauptarbeitsphase für Hausaufgaben fällt nach den oben zitierten arbeitsphysiologischen Untersuchungen in ein Leistungstief. Das muß leider in Kauf genommen werden, da man sonst bis spät in den Abend arbeiten müßte – und das wäre erst recht unökonomisch.

Aber bei entsprechender Gewöhnung an diese Arbeitsphasen ist die physiologische Ermüdung relativ schnell kompensiert – zumal einem sowieso kaum Alternativen bleiben.

> Je jünger der Lernende ist, um so früher sollte er abends mit dem Lernen aufhören.

So erbringt der Erstklässler nach 18.00 Uhr bestimmt keine sinnvollen (und qualfreien) Leistungen mehr, der Drittklässler nach 19.00 Uhr usw.

Ein Oberstufenschüler sollte zwischen 21.00 und 22.00 Uhr sein Lernen beendet haben. Alles, was er dann noch lernt, kann er im wahrsten Sinne des Wortes vergessen.

> Das Lernen am späten Abend ist wenig effektiv, da gemessen am Arbeitsaufwand weniger behalten wird.

– Eine logische Konsequenz ist, daß man die noch erforderlichen Lernpakete für den nächsten Tag früher beginnt. (Also das Treffen mit Freunden und Freundinnen besser planen.)
– Weiter sollte bedacht werden, daß man bei spätem Lernen schlechter schläft und daß der nächste Tag vollen Energieeinsatz erfordert, zumal er um circa 6.00 Uhr beginnt.
– Bei Studenten ist es insofern anders, als je nach Studienfach die Veranstaltungen relativ spät beginnen und sie somit länger schlafen können.
– Wenn man sich selbst gegenüber ehrlich ist, wird man genau merken, von welcher Abendzeit an die Lerneffektivität nachläßt.

> Planen Sie die Lernzeiten so ein, daß Sie vor dem Schlafengehen noch mindestens 30 Minuten vollkommen zum Entspannen haben.

Diese letztgenannte Einteilung ist sehr wichtig. Um für den nächsten Tag wieder fit zu sein, benötigt man eine ausreichende Menge an erholsamem Schlaf. Durch die Entspannungsphase vor dem Zubettgehen können Sie zunehmend mehr Abstand zum Lernen und den darin enthaltenen Problemstellungen gewinnen. Entsprechend wird Ihr Schlaf erholsamer sein. Andernfalls träumen Sie von Ihrem Lernstoff, grübeln weiter daran herum – und am nächsten Morgen ist der Schock vor dem Spiegel wieder groß!

5. Gedanken sind nur ein Teil vom Ganzen: Lernen mit der Einheit von Leib und Seele

Welcher Körperteil des Menschen ist wohl der wichtigste? In einer alten lateinischen Fabel wird diese Frage sehr eindeutig beantwortet: Als sich die Körperteile streiten, welcher wohl der wichtigste sei, treten die übrigen jeweils in Streik und merken nun, daß sie voneinander abhängig sind. Es sind nicht autonome Teilstücke, sondern spezialisierte Teile eines harmonischen sinnvollen Ganzen.

Wie sieht die geistige Arbeit aus?

Bei dieser Fragestellung wird eindeutig durch den Begriff „geistig" der Kopf angesprochen. Das trifft primär zu. Wissenschaftlich exakt betrachtet „denken" die kleinen grauen Zellen des Cortex. Es ist jene verschlungen gestaltete Hirnrinde, die den Menschen anatomisch von einfacheren Lebewesen unterscheidet und ihn zu sogenannten intelligenten Leistungen befähigt.

Was passiert aber, wenn man eine Reihe von Vokabeln lernt und am nächsten Tag beim Abfragen erfahren muß, daß man die falsche Reihe gelernt hat?

Die Zentrale im Großhirn erhält durch die Ohren die akustische Information „mangelhaft", während das Linsensystem des Auges ein Muster von Lichtwellen aufnimmt, das vom Großhirn als „vorwurfsvoller Blick" dekodiert wird. Sofort läuft das Hauptprogramm „Ärgern" ab: Der Mund formt entschuldigende Laute, die Lungen arbeiten vermehrt, die Blutgefäße ziehen sich zusammen, lassen den Blutdruck hochschnellen und gleichzeitig das Gesicht erblassen, der Magen arbeitet heftiger und schmerzt vielleicht, Schamgefühle treten auf...

An diesem vereinfacht dargestellten Beispiel wird deutlich, daß auch bei „rein" geistiger Arbeit sowohl Kopf als auch Körper deutlich beteiligt sind.

> Unsere Gesamtperson ist eine umfassende Einheit aus Leib und Seele, die als Ganzheit tätig ist.
>
> Nur als diese Ganzheit können wir unter Einbeziehung all unserer Teilfunktionen sinnvolle Handlungen oder Denkleistungen vollziehen.

Diese Aussage ist nicht nur philosophisch, sie wird immer wieder durch die Ergebnisse der modernen Wissenschaft bestätigt. Die Entwicklung der Ganzheitsmedizin sowie die Erforschung der Psychosomatik und der ganzheitlichen Psychotherapie zeigen dies auf.

Die Funktionen unserer Leib-Seele-Einheit

Das Gesamtsystem Leib-Seele besteht aus zahlreichen kooperierenden Funktionen:

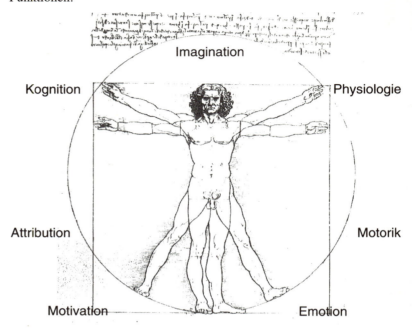

1. Kognitionen (Gedanken)

Hier handelt es sich um einen Sammelbegriff für Gedächtnis- und Informationsverarbeitungsmechanismen. Dabei spielen Prozesse der Wahrnehmung und Filterung der eingehenden Informationen eine große Rolle.

Diese Verarbeitungsprozesse unterliegen zahlreichen Gesetzmäßigkeiten, die man sich beim Lernen nutzbar machen kann, um die Arbeitseffektivität zu steigern.

> Negative Gedanken (wie Sorgen, Ängste) können sich als Lernblockaden auswirken. Sie werden darin geübter werden, diese Lernblockaden zu erkennen und geeignete Maßnahmen zu ihrem Abbau anzuwenden.

2. Motivation (Beweggründe)

Unter Motivation(en) versteht man kurz- und langfristige Ziele, die man anstreben oder vermeiden möchte. Damit verbunden ist auch gleichzeitig die Intensität, mit der das Handeln auf diese Ziele hin erfolgt.

Lernt jemand z.B. zehn Stunden täglich, ist er zwar fleißig, muß dadurch jedoch nicht konsequenterweise viel behalten haben. Diese Person lernt vielleicht aus der Motivation heraus „viel hilft viel" und bewirkt durch diese Beweggründe nicht unbedingt große Lernverbesserungen. Falls diese Person z.B. aus einer Angstmotivation lernt, so befürchtet sie ihr Versagen und blockiert sich auf diese Weise. Sie behindert sich selbst in der Wissensaufnahme, da sie aufgrund unangemessener Motivation entsprechende Gefühle entfaltet.

Eine andere Person wieder studiert das Fach X, um ihrem Vater zu imponieren, hat jedoch kaum Interesse oder Begabung dafür.

Wieder eine andere Person will nur ein Studium mit Prestigegewinn absolvieren. Diese wenig sachimmanente Motivation kann ebenfalls zum Versagen führen.

Man findet bereits bei oberflächlicher Darstellung zahlreiche und sehr unterschiedliche Motive für das Lernen.

> Durch angemessene oder unangemessene Motivation wird die Arbeitseffektivität beeinflußt.

3. Emotionen (Gefühle)

Bestimmte Körperwahrnehmungen (z.B. warmes Bett, kalte Hand im Nacken) können angenehme oder unangenehme Gefühle bewirken. Aber auch Gedanken (z.B. an den letzten verregneten Urlaub im Schwarzwald, an die schnurrende Katze auf dem Arm) bewirken in gleicher Weise deutlich Gefühle.

Hier werden zahlreiche Verarbeitungsprozesse durchlaufen, die sehr eng mit physiologischen Reaktionen gekoppelt sind. Auch kognitive Bewertungen (z.B. der unsympathische Prüfer, die nette Nachbarin) und kortikale Vergleichsprozesse finden hier statt.

> Starke Gefühle (wie Trauer, Freude, Angst, Wut, Ärger) können sich auf die geistige Arbeit und deren Qualität auswirken. Bereits kleinere „negative" Gefühle wirken sich lernhemmend aus.

4. Attributionen (Einstellungen)

Sowohl das gedankliche als auch das motorische Verhalten wird davon beeinflußt, daß man Ereignissen eine bestimmte Verursachung zuordnet. Daraus entwickelt man Erklärungsmodelle für sein Handeln, seinen Erfolg oder sein Versagen. Und daraus wiederum entstehen mit der Zeit (unbewußt aufgebaute) Glaubenssysteme, nach denen man handelt, z.B.:

„Eine gute Tochter sollte…"; „Ein schlechter Sohn ist man, wenn…"; „Leistung ist nur gut, wenn…"; „Ich bin nur liebenswert, wenn meine Leistung…".

> Attributionen wirken sich je nach ihrer Ausprägung und Intensität fördernd oder hemmend auf die Lernleistung aus.

5. Imaginationen (Innenbilder)

Laufend und nahezu zu jedem Zeitpunkt produziert man Innenbilder. Es sind szenische Vorstellungen unterschiedlichster Wahrnehmungsqualitäten (optische Bilder, Gerüche, Klänge, Strukturen, Farben, Bewegungen, Berührungen), die man, durch innere oder äußere Anlässe (z.B. Gedanken, Wahrnehmungen, Gefühle) beeinflußt, spontan wachruft. Sie lassen sich unter geeigneten Voraussetzungen gesteuert herstellen und sinnvoll einsetzen. Dadurch sind sie ein wesentlicher Bestandteil der Hypnose.

> Je nach Intensität und Gefühlsfärbung können Imaginationen lernhemmend oder lernfördernd sein.

6. Physiologie (innere Körpervorgänge)

Im menschlichen Körper gibt es zahlreiche, in sich weitgehend abgeschlossene Funktionssysteme (z.B. Herz, Kreislauf, Atmung, Zentralnervensystem), die jedoch miteinander vernetzt sind.

> Physiologische Vorgänge stehen in engem Wechselspiel mit Emotionen und Imaginationen und wirken sich dadurch deutlich auf das Lernverhalten aus.

7. Motorik (äußere Körperbewegungen)

Körperbewegungen werden teilweise willkürlich gesteuert, teils durch angeborene automatische Programme geregelt. Diese zentralnervöse Steuerung trifft auch auf andere Wirkfaktoren (z.B. Emotionen) zu, die auf diesem Wege ihren Einfluß auf den Körper nehmen.

> Wer vor Wut zittert, aus Angst angespannt, körperlich ermattet ist, kann erklärlicherweise schlechter lernen als eine ausgeruhte und entspannte Person.

Diese sieben Faktoren sind einerseits Funktionssysteme, andererseits als

solche künstlich isolierte Begriffe, die man dadurch besser erforschen und benennen kann.
- Die gesamte Forschung und natürlich unsere Alltagserfahrung zeigen auf, daß alle diese genannten Faktoren sich in dem Gesamtsystem der Leib-Seele-Einheit gegenseitig beeinflussen.
- Der Anstoß an *einem* Teil des Systems bewirkt somit eine Veränderung der *Gesamtheit*.
- Für optimales und effektives geistiges Arbeiten muß somit eine Ausgewogenheit unseres gesamten Leib-Seele-Systems erreicht werden.

Folgendes Beispiel soll dies verdeutlichen:

Der Lernende sieht sein Buch vor sich liegen. Da er die ersten gelesenen Seiten als schwer erlebte, kommt nun der Gedanke in ihm auf: „Ich werde das kaum schaffen". Gleichzeitig entsteht das Gefühl der Angst, bedingt durch seine Mißerfolgsmotivation, da er sich nie für einen besonders erfolgreichen Schüler hielt (negative Selbstattribution). Dazu kommt in ihm das Bild hoch, wie ein Dummkopf auf das Buch zu starren. Seine Hände werden unmerklich feucht, sein Puls steigt an, der Nacken verspannt zunehmend, Kopfschmerzen setzen ein… .

> Durch die Aktivierung eines einzelnen der sieben Systeme kann das Gesamtsystem verändert werden.
>
> Durch gezielte Maßnahmen können Sie lernen, die geeigneten Systeme gezielt zu aktivieren bzw. zu beruhigen und dadurch das gesamte System positiv zu beeinflussen.
>
> Durch genau geplante und eingesetzte Lern- und Arbeitstechniken werden Sie vorwiegend lernförderliche Gedanken, Motivation und Attribution ansprechen lernen.
>
> Durch genaue Anwendung von Hypnose können Sie gezielt Ihre Imaginationen, Gedanken und Emotionen lernfördernd beeinflussen.
>
> Mit dem hier vorgestellten Lernprogramm in Verbindung mit Hypnose können Sie Ihr geistiges Arbeiten positiv beeinflussen.

6. Denken ist das Bewegen von Materie: Richtige Ernährung

Früher nahm man an, Denken sei eine rein geistige, vom Körperlichen abgehobene Tätigkeit. Die spätere physiologische Experimentalforschung zeigte dann das auf, was man im Dialektischen Materialismus als den Leitsatz formulierte „Ohne Phosphor kein Gedanke". Dies beinhaltet, daß Denken in der hirnelektrischen Aktivität u.a. der grauen Zellen besteht. Demnach ist Denken Bewegen von Materie und folglich als Arbeitsprozeß zu verstehen.

> Geistiges Arbeiten benötigt entsprechend angemessene Energiezufuhr.

Damit sind wir nun beim Thema der richtigen Ernährung. Leider ignorieren viele noch diesen wichtigen Bereich.

Diese Seiten sind wirklich wichtig für Sie!

> Das Frühstück sollte in Ruhe eingenommen werden – bei ausreichend viel Zeit.

Stellen Sie lieber den Wecker ein paar Minuten eher, so daß Sie ausreichend Zeit haben, um wach zu werden. Dann können Sie sich in Ruhe (also ohne Hektik und Streß gleich nach dem Augenöffnen) waschen, anziehen etc. – und gemütlich frühstücken, Zeitung lesen … (ja, auch zur Toilette gehen).

Danach werden Sie dann ruhig vom Früstückstisch aufstehen und Ihren Weg in den Alltag antreten. Andernfalls produzieren Sie bereits morgens so viel an Streß, daß Sie erst nach ein bis drei Stunden wieder zur Ruhe kommen und dann erst optimal lernfähig sind. Warum begeben Sie sich also freiwillig in eine unangenehme Situation?

Übrigens sollte es selbstverständlich sein, daß ein Frühstück eingenommen wird. Ohne diese Energiezufuhr klappt einiges nicht so gut für den Frühstart. Auch während des gesamten Tages muß die Energiezufuhr stimmen.

> Durch zu wenig Nahrung sinkt der Blutzuckerspiegel ab.
> Das bewirkt Konzentrationsabnahme und somit Leistungsreduktion.
> Also sollten Sie regelmäßig kleine Zwischenmahlzeiten einnehmen.
> In der Schule sind dies das Pausenbrot und der Apfel.

In meiner langjährigen Tätigkeit als Psychotherapeut wurden mir Kinder mit Konzentrationsproblemen vorgestellt, bei denen von der fünften Unterrichtsstunde an ihre Arbeitsfähigkeit deutlich nachließ. Alle potentiellen psychischen und körperlichen Verursachungsfaktoren wurden abgeklärt, konnten aber bei einigen Fällen nicht zur Erklärung der Konzentrationsprobleme herangezogen werden. Hier konnte ich dann diagnostisch meist nachweisen, daß das Pausenbrot vernachlässigt worden war. Der simple Rat, dieses verschmähte Brot nun konsequent zu essen, half oft erstaunlich schnell zur Konzentrationsverbesserung.

Schwierig war es allerdings, die Schüler davon zu überzeugen.

> Eine leichte, abwechslungsreiche, vor allem vitaminreiche Kost ist besonders zu empfehlen.
> Speziell zum Abendessen sollte leichte Kost bevorzugt werden, die den Schlaf nicht beeinträchtigt. Zusätzlich setzt sie weniger an.

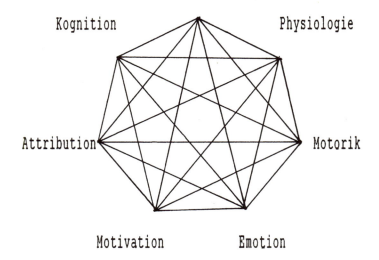

Sie sehen: es werden keine Rezepte für Gesundheitsapostel veröffentlicht. Sie können ruhig Ihrem Geschmack folgen, wenn Sie dabei bewußt auf Ihre Nahrung achten!

Nun zu den Getränken: Beim Konsumieren von koffeinhaltigen Getränken (Kaffee, Cola etc.) sollte Ihnen bewußt sein, daß es sich um aufputschende Mittel handelt. Entsprechend wird der Kreislauf dadurch belastet.

> Anregende Getränke sollten nur in kontrolliertem und sinnvollem Umfang genossen werden.

Nach einer anfänglich anregenden Wirkung kommt es oft zu einer Ermüdungsphase, also ist dadurch wenig an Vorteilen gewonnen.

Alkohol jeglicher Form sollte tagsüber bzw. während des Lernens strikt entfallen. Alkohol bewirkt eine relativ schnelle Ermüdung, die bestimmt arbeitshinderlich ist – abgesehen von möglichen Gewöhnungs- und Folgeproblemen.

7. Arbeitsplatz Bibliothek

Wo man besser lernen kann

Einer meiner studentischen Klienten konnte in seiner extrem kleinen Wohnung, die er mit seiner Freundin bewohnte, nicht lernen. Einerseits hinderte ihn die starke Beengung daran, andererseits war vieles um ihn herum ablenkend. Mit der Zeit war die Arbeit für ihn aversiv geworden und er vermied sie, indem er sehr oft andere Dinge tat. Hier war eine Änderung des Arbeitsplatzes notwendig. Doch dies war innerhalb der Wohnung nicht möglich. Also mußte der Arbeitsplatz in die Universitätsbibliothek verlegt werden.

> Bei schlechten Arbeitsplatzbedingungen zuhause sollten Sie z.B. in einer Bibliothek arbeiten.
> Jede Bibliothek verfügt über abgeteilte stille Arbeitsbereiche, auch öffentliche bzw. städtische Büchereien.
> Hier hat man seinen Bereich für sich allein.
> Es ist Redeverbot und die Arbeitsmittel sind nah. Auch Kopierer etc. sind vorhanden – oft sind sogar Getränkeautomaten nicht weit entfernt.

Ich kenne zahlreiche solcher Einrichtungen mit hervorragenden Möglichkeiten. Mitunter ist man sogar stundenlang allein und ungestört. Oder man hat von seinem Platz aus einen herrlichen Blick, der gerade für die kleinen Pausen erholsam ist.

> Setzen Sie sich am besten mit den Rücken zum Eingang. So werden Sie am wenigsten gestört.

Falls Sie viele Freunde und Bekannte haben, die ebenfalls an diesem Ort arbeiten (z.B. in der Institutsbibliothek), ist die Gefahr der Ablenkung besonders groß. Nichts gegen ein schönes Schwätzchen, aber viele hintereinander sind dann ein Nachmittag, an dem kaum gelernt wurde.

> Bei Ablenkungsmöglichkeiten setzen Sie sich am besten in einen entlegenen und schwer einsehbaren Bereich.
> Setzen Sie sich möglichst weit weg von der Tür, damit Sie gar nicht erst abgelenkt werden und in Versuchung kommen.
> Lernen Sie es, Kontaktmöglichkeiten abzulehnen.

Personen, die gehemmt und kontaktarm sind, sollten sich selbstverständlich etwas anders als oben vorgeschlagen verhalten.

Für alle anderen gilt, sich mehr abzuschirmen. Dazu gehört auch, den Freunden zu sagen, daß man jetzt erst arbeiten möchte. Haben Sie bloß keine Angst vor Ablehnung oder Liebesentzug! Diese Absage wird von Ihnen freundlich-bestimmt geäußert und kann somit nicht als Ablehnung verstanden werden. Gleichzeitig können Sie ja eine Einladung aussprechen, daß man sich nachher, zu einer bestimmten Zeit, z.B. zum Essen verabredet. Das hat noch die angenehme Nebenwirkung, daß Sie nun eine schöne Perspektive für die nächste Arbeitsphase haben. Arbeiten Sie also fleißig weiter, und als Belohnung für ihr konsequentes Arbeiten lockt die nette Verabredung!

Übrigens können Sie an diesen öffentlichen Plätzen Ihr geplantes Zeitprogramm (kommt später im Buch) stets sehr gut einhalten.

> Wählen Sie möglichst immer den gleichen Platz, damit Sie sich nicht stets erneut umgewöhnen müssen.
> Da Sie an diesem Arbeitsplatz alle wesentlichen Arbeitsmittel bereit haben müssen, richten Sie sich ein transportables „Kleinbüro" in Ihrer Aktentasche oder Ihrem Rucksack ein.

In diesem Kleinbüro sollten enthalten sein: Schreibblock bzw. Ringbuch mit diversen Einlagen, Schreibgeräte nebst Ersatz, Karteikarten (beschriftet oder blanko), Schnellhefter mit den benötigten Unterlagen, Schmierzettel für Zwischennotizen etc. Auch Kleingeld für Automaten (Getränke, Snacks, Schließfach, Kopierer) sollte, in entsprechenden Münzen bevorratet, vorhanden sein. Diese Vorschläge mögen sich kleinlich anhören. Aber wenn man sich abends in einer fast leeren Bibliothek zeitraubend Wechselgeld erbetteln mußte, wird man klüger.

Was hier dargestellt wurde, gilt natürlich auch für schulische Freistunden.

Einem extrem lerngestörten Schüler habe ich empfohlen, das nahegelegene Museum aufzusuchen. Bei freiem Eintritt findet er immer ein abgeschirmtes bzw. ruhiges Eckchen zum Lernen (Lesen, Vokabeln üben). Wenn für Fahrschüler die Mittagszeit zu überbrücken ist, so sollten sie sich ebenfalls einen ruhigen Ort auswählen, z.B. ein verstecktes Café.

> Bei all dem sollte man allerdings nicht die Lust vergessen: mit Freunden oder Freundinnen plaudern, Freude haben… .

8. Anlegen einer Materialsammlung und Gliederung
(muß wirklich nicht nervig sein!)

Hat man das Thema einer Ausarbeitung gestellt bekommen, tritt oft bei der ersten Überlegung der große Schock ein, auf was man sich da eingelassen hat. Das Thema ist plötzlich enorm schwirig, man meint, man habe keine Ahnung davon, weiß nicht, wie man es in der vorgegebenen Zeit schaffen soll – und überhaupt.

So, nachdem nun die erste Panik abgeklungen ist, können Sie in Ruhe Ihre systematische Arbeit beginnen.

Beginnen Sie möglichst früh mit der Sichtungsarbeit zu Ihrem Thema. Pannen und Verzögerungen sind so besser zu kompensieren.
Sichten Sie vorhandene Materialien: Bücher, Ordner, Skripten, Karteien, Tabellen.
Benutzen Sie Stichwortkarteien der Bibliotheken. Falls durch Ihr Institut oder die Fachschaft keine Einführungskurse in die Benutzungssysteme der Bibliothek gegeben werden, so werden diese meist von den Bibliotheken selbst angeboten. Die Fachauskunft hilft hier weiter.
Finden Sie Rat bei einer kompetenten Person, die Ihnen hilft, in die richtige Richtung zu suchen und Grundlagenwerke oder Übersichtsartikel zu finden. Falls diese Person nichts weiß, weiß sie jemanden, der einen kennt, der etwas weiß!
Suchen Sie in fachspezifischen Sammelwerken.

Beispiele: Die „Psychological Abstracts" sind umfangreiche Sammelbände, die stetig ergänzt werden. Geordnet nach Sachgebieten sind hier Literaturhinweise zu finden, sogar kurze Zusammenfassungen. Also eine wahre Fundgrube, wenn man damit richtig umgehen kann.
In gleicher Weise gibt es die „Dissertation Abstracts" in allen Universitätsbibliotheken. Darin sind alle registrierten Dissertationen in Zusammenfassungen von circa Postkartengröße enthalten.

> Nutzen Sie Datenbanken!

Für die unterschiedlichen Fachbereiche gibt es Datenbanken. Dort kann man ein Suchprofil zu seinem Thema erstellen. In diesem Bereich werden dann alle internationalen Publikationen durchsucht. Ausgedruckt auf Karteikarten erhält man dann Literaturangaben nebst Zusammenfassungen, die man als solche sofort seinem Karteikasten einverleiben kann. Das kann je nach Suchumfang und Suchzeitraum (Jahrgänge der Suche) einiges an Geld kosten, wird aber gerade bei umfangreichen Examensarbeiten durch den dadurch ersparten Arbeitsaufwand mehrfach aufgewogen.

Sie sehen: Die Datenflut wächst bereits. Wichtig ist, daß Sie das gesammelte Material gut sortiert verwalten, um es bei Bedarf wiederzufinden und dann erneut richtig zurückzuordnen. Das ist manchmal gar nicht so einfach.

Als Herausgeber einer Fachzeitschrift zur Hypnose habe ich natürlich alle darin publizierten Artikel gelesen oder sogar selbst überarbeitet. Für eine meiner Veröffentlichungen erstellte ich ein Suchprofil an einer Datenbank. Als ich nach einiger Zeit das ersehnte Päckchen erhielt, bekam ich interessante Literaturangaben – unter anderem auch über einen Artikel, den ich selbst bearbeitet hatte. Ich hatte nach der Bearbeitung schlicht und einfach vergessen, diesen Artikel sofort in meine eigene Kartei themensortiert aufzunehmen. Das soll veranschaulichen, wie genau man sein Material verwalten muß! (Ich habe mich sehr geärgert, durch so eine kleine Vergeßlichkeit Zeit vertan zu haben – abgesehen von der selbsterzeugten Peinlichkeit.)

Ab nun wird gegliedert

Sobald Sie sich grob im Thema auskennen, sollten Sie bereits eine erste Strukturierung vornehmen – auch wenn sie später umgeändert wird. Das ist normal! Aber Sie haben durch die Grobgliederung immerhin eine Orientierungshilfe.

> Beginnen Sie Ihre Grobgliederung bereits, wenn Sie grundlegende Informationen vorliegen haben.
> Eine Gliederung, die später umgeändert wird, ist besser als bereits mit Feinheiten zu beginnen, die in Sackgassen führen können.

Falls Sie die Strukturierung/Gliederung erst vornehmen, wenn alle Daten (Artikel/ Karteien) vorliegen, verlieren Sie den Überblick. Erst durch die Grobgliederung erkennen Sie möglicherweise, nach welchem Ordnungssystem Sie Ihre Karteien anlegen (ändern) müssen.

> Die Grobgliederung ist eine Denkhilfe und dient zum Anwärmen für die umfassende Arbeit.
> Sammeln Sie deshalb alles, was Ihnen einfällt, untereinander auf einem Blatt.
> Ordnen Sie diese Stichworte nun nach einem bestimmten fachspezifischen Prinzip.

Schema für eine Gliederung:

(Danksagung)
Einleitung

1. Historische Entwicklung, Vorgeschichte des Themas

2. Definition des Hauptanliegens (Themas, Gegenstandes)

3. Abgrenzungen zu Nachbardisziplinen und Nachbartheorien und deren Sichtweisen zum Thema bzw. Hauptanliegen

4. Darstellung des speziellen Hauptanliegens in der vorliegenden Arbeit

5. Erarbeitungsmethoden: Methoden der Untersuchung, des Vorgehens, Experimentaldesigns, Apparatedarstellung, diverse Modelle

6. Darstellung der Ergebnisse

7. Diskussion der Ergebnisse aus unterschiedlichen kritischen Sichtweisen (auch aus verschiedenen Theorierichtungen)

8. Kritische Anmerkungen: Eigenkritik zu den Ergebnissen und Aussagen, Kritik am System, Grenzen der Arbeit bzw. der Ergebnisse

9. Schlußfolgerungen

10. Ausblick: Vorschläge für weitere Sichtweisen, Untersuchungen

11. Literaturangaben

12. Anhang: Zusatzbemerkungen, Definitionen, Glossar, Materialien

Vielleicht stellen Sie jetzt fest, daß Ihre bisherige Sammlung nur bis zum ersten Drittel des Rasters reicht. Das ist realistisch, da die Hauptarbeit, ausreichendes Material zu sammeln, um die Gliederungspunkte konkreter zu benennen ja noch vor Ihnen liegt.

Mit zunehmendem Umfang der Materialsammlung/der Gliederung wächst nicht nur die Informationsmenge, sondern auch die Verwirrung. Es besteht die Gefahr, mit der Zeit die Übersicht zu verlieren, im Detail steckenzubleiben etc. – Aber diese Phase ist normal. Sie zeigt an, daß Umstrukturierungen in Ihrem Kopf erfolgen. Nach dieser scheinbaren Chaosphase werden Sie mit größerer Klarheit die Strukturen Ihrer Arbeit erkennen: es hat sich dann alles in Ihrem Kopf neu geordnet.

> Nach Fertigstellung der Grobgliederung können wiederholt Umstellungen erforderlich sein.
> Die Grobgliederung sollte zur besseren Übersicht auf einem einzigen Blatt stehen.
> Die dann folgenden Neufassungen heften Sie stets davor in den Ordner.
> Langsam entstehen nun Ideen für die Feingliederung.
> Für die Feingliederung legen Sie nun eine Karteisammlung der Ideen an.

Auf einem jeweils getrennten Karteiblatt notieren Sie einen der möglichen Unterpunkte der Feingliederung. Auf diese Weise können Sie schnell und äußerst flexibel Ergänzungen und Umsortierungen vornehmen.

Später werden Sie die vorläufige Fassung der jeweiligen Untergliederung ähnlich wie die Grobgliederung behandeln: auf einer Seite eine Grobsammlung anlegen, diese abheften, dann Karteien mit Feinpunkten anlegen, diese sortieren und dann auf ein Blatt übertragen usw.

> Ihre Sammlung wird nun zunehmend systematischer und differenzierter.
> Sammeln sollte nicht zum Selbstzweck werden.
> Sobald Ihre Grobsammlung einigermaßen richtungweisend ist, sollten Sie mit dem Schreiben beginnen.

Fangen Sie nun an zu schreiben!

Gern vermeidet man den Schreibanfang, da es nun ernst wird und man sich festlegen muß und die Geistesprodukte nun schwarz auf weiß für jeden zugänglich werden. Da Sie jedoch zwischenzeitlich während des Schreibens weiter Anregungen sammeln, können Sie bereits in der Phase der Grobplanung auf einen kleinen Packen an Karteikarten und Notizen zurückgreifen. Bedenken Sie auch, daß erst beim Schreiben die wesentlichsten Schwachstellen offenkundig werden. Aber auch die besten Ideen kommen erst beim Schreiben!

Hier nun einige Vorschläge, um das Schreiben oder zumindest den Anfang der Ausarbeitung zu erleichtern. (So ein großes weißes Stück Papier erscheint anfangs fürchterlich leer.)

> Lesen Sie die Materialsammlung für den jeweils geplanten Abschnitt ruhig durch.
> Überlegen Sie nun mögliche Grundideen und logische Abfolgen der Darstellung.
> Machen Sie nun eine schöpferische Pause, indem Sie mindestens 20 Minuten etwas völlig anderes tun. (Darüber werden Sie später in diesem Buch mehr erfahren.)
> Fangen Sie nun einfach an zu schreiben.

Genau! Legen Sie einfach los!

(So, wie Ihnen der Schnabel gewachsen ist.)

Sie müssen die typische Anfangsangst einfach durch Schreiben überwinden. Hinzukommt, daß Sie sich „warmlaufen" müssen. Wenn man das Schreiben von Gutachten, Ausarbeitungen, Artikeln nicht ständig ausübt, muß man sich tatsächlich darin trainieren. Mit der Zeit werden Sie merken, daß Ihnen die Formulierungen zusehends schneller und leichter aus der Feder oder der Taste fließen.

> Achten Sie anfangs weniger auf Feinformulierungen (feine Stilistik etc.). Entwickeln Sie vielmehr mit Ihren Worten die anstehenden Grundgedanken.
> Richten Sie sich darauf ein, daß Sie alles mehrfach überarbeiten werden. Das ist zwar zeitaufwendig, aber normal!
> Lassen Sie stets einen breiten Korrekturrand rund um Ihr Blatt (mindestens 3-4 cm) und/oder lassen Sie genügend Abstand (2zeilig) zwischen den einzelnen Zeilen. Hier können Sie bei der Überarbeitung die Veränderungen eintragen.

Die Benutzer von Computer-Textverarbeitungssystemen sind hier gut gestellt, da sie ihre Versionen nur an den erforderlichen Stellen korrigieren müssen (hoffentlich). Das erleichtert besonders bei umfangreichen Darstellungen die Arbeit erheblich.

Während der nun folgenden Weiterbearbeitung gewinnen Sie zunehmend an Schreibvermögen. Sie werden dann auch feststellen, daß Sie während des Schreibens immer mehr Ideen zur Ergänzung und Ausweitung Ihrer Materialsammlung entwickeln. Diese Ideen sollten Sie dann sofort auf Karteikarten schreiben und später einordnen.

Weiter werden Sie feststellen, daß Sie Textblöcke, mitunter ganze Kapitel, umstellen müssen, um eine logisch angemessenere Reihenfolge zu erhalten. Das ist normal und zeigt, daß Sie das Thema immer differenzierter beurteilen können.

> Letztlich sollten Sie die Möglichkeiten in Anspruch nehmen, die sich durch die Mithilfe anderer, z.B. aus Ihrer Arbeitsgruppe, ergeben: Korrekturen, kritische Anmerkungen, Verbesserungsvorschläge etc.

9. Lernarbeit: einzeln oder in der Gruppe?

Die Frage, ob man einzeln oder in einer Gruppe lernen sollte, hängt von der Art der geforderten Lernarbeit und natürlich von der Gruppe (den Einzelpersonen und der Gruppengröße) ab. Zum Teil wird es auch von der eigenen Persönlichkeit abhängen, welche Form man wählt.

Zur eigenen Abwägung sind nachfolgend einige Vorschläge aufgelistet.

1. Grundsätzlicher Vergleich
1.1. Allgemeines

Einzelarbeit	Gruppe
+ freie Gestaltung	+ gemeinsame Erarbeitung
	+ Unabhängigkeit
	+ Hilfen
– Gefahr, sich zu verzetteln	
+ Kreativität	– Absprachen, Planungen
	– Gebundenheit
	– Gefahr, im Planen stecken-zubleiben
Machen Sie klare Terminpläne, vergleichen Sie sich mit anderen.	Stellen Sie klare Regeln auf, an die sich alle halten müssen. Treffen Sie eindeutige Vereinbarungen.

1.2. Lerntempo

Einzelarbeit	Gruppe
+ individuelles Lerntempo	+ gibt Tempo vor, zieht mit. + gibt Vergleichsmöglichkeiten und Leistungseinschätzung
– Über- oder Unterforderung wird schwer deutlich – Es ist viel Eigenkontrolle und Eigenmotivation erforderlich	– lenkt ab, verzögert, überfordert
Vergleichen Sie sich mit anderen und überprüfen Sie, ob Sie Ihr Tempo ändern müssen.	Tempo hängt von der Arbeitsmoral der Gruppe ab. Sprechen Sie Ihre Befindlichkeiten in der Gruppe an. Teilen Sie Ihre Wünsche und Bedürfnisse klar mit.

1.3. Problemlösungen

Einzelarbeit	Gruppe
+ Soziale Probleme entstehen selten, Auseindersetzungen sind nicht erforderlich	– Inhaltliche Probleme werden nicht immer erkannt
– Inhaltliche Probleme können durch mehrere Personen schneller erkannt und bearbeitet werden	– Durch die Vielfalt von Meinungen und Bedürfnissen treten Probleme schneller auf: Konfrontationen, Auseinandersetzungen
Trotz der Einzelarbeit sollte man seine sozialen Bedüfnisse erkennen und berücksichtigen.	Treffen Sie klare Absprachen über den Umgang in der Gruppe, besonders bei Konflikten. Haben Sie Mut zum Dialog. Die Vielfalt ermöglicht auch vielfältige Freizeitfreuden.

1.4. Gründlichkeit

Einzelarbeit	Gruppe
+ Flexibles Vorgehen ist stets möglich	+Mehr Köpfe denken mehr, beleuchten und argumentieren aus unterschiedlichen Perspektiven
− Festfahren an einer Stelle ist leichter möglich − Übergenauigkeit oder Oberflächlichkeit ist möglich	−Endlose Diskussionen, die vom Thema wegführen
Machen Sie Vergleiche mit anderen, um Ihr Vorgehen einzuschätzen.	Eventuell ist es bei bestimmten Themen erforderlich, einen Diskussionsleiter zu bestimmen, der auf die Einhaltung des Themas oder der Regeln achtet.

2. Vergleich der speziellen Arbeitsfelder

2.1. Vokabeln, Fachbegriffe etc.

Einzelarbeit	Gruppe
+ Begriffe können nur einzeln gelernt werden	+ Überprüfen, abhören, abfragen besonders gut
− Abfragen und überprüfen allein ist erschwert	+ Anwenden der Vokabeln im Kontext

Kombinieren Sie die Vorteile beider Möglichkeiten.

Gerade die Überprüfung sollte durch andere Personen erfolgen. Eine Integration der Vokabeln kann meist nur im Dialog erfolgen, z.B. durch: Unterhaltung in der Fremdsprache, Einordnung anatomischer Begriffe, biologischer Systeme etc.

2.2. Nutzung von Arbeitsmaterialien (z.B. Büchern)

Wenn sich mehrere Lernende zu einer Art Medienverbund zusammenschließen, so sollten sie sich anfangs darüber austauschen, welche Literatur zu erarbeiten ist.

Sie sollten sich auch überlegen, welches Buch jeder im Einzelbesitz haben muß – und welche Bücher man sich auf Gegenseitigkeit ausleiht. Das spart eine Menge Geld.

Gerade bei Skripten und losen Materialien sind Vervielfältigungen erforderlich. Auch hier sollte man sich absprechen, dieses Material auszutauschen. Gleichzeitig kann man die Vervielfältigung des Materials organisieren und dadurch eventuell günstigere Mengenpreise im Kopierladen erzielen, abgesehen von der Zeitersparnis.

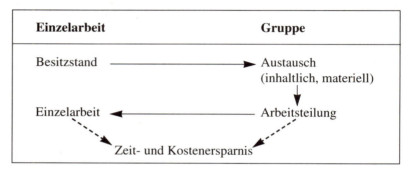

2.3. Materialsammlungen anlegen

Die Vorgehensweise der Einzel- und Gruppenarbeit sind hier dargestellt und verdeutlichen, daß eine Kombination beider Formen optimal ist.

Für Referate oder Ausarbeitungen werden anfangs Materialsammlungen erstellt: Literatur (Bücher, Artikel) suchen, Karteikarten schreiben.

Einzelarbeit	**Gruppe**
+ Die Suche im Alleingang bringt Unabhängigkeit	+ Ideen vieler werden nutzbar gemacht
− Die Suche kann sehr einseitig werden und sich festfahren	+ Durch ein brainstorming erhalten Sie Ideenfülle

Brainstorming

Es ist eine Methode, um Ideenfülle für Materialsammlungen (zur Städteplanung, Energieeinsparung, für Referate, Werbekonzepte) zu gewinnen:

Der angestrebte Themenbereich wird knapp referiert. Danach äußert jeder spontan durch Zuruf seine Ideen. Diese werden jeweils nur kurz dargestellt (meist in Stichworten) und von einer Person schriftlich gesammelt, möglichst auf einer Wandtafel (Tapetenrolle etc.). In dieser Phase darf noch nicht diskutiert werden, da sonst bereits Ideen abgewürgt oder auf Nebengeleise gebracht werden.

Nach dieser bislang willkürlichen Auflistung versucht nun eine Person, eine Systematisierung der Sammlung vorzunehmen. Das Ergebnis wird dann der Gruppe schriftlich mitgeteilt oder referiert. Nun folgt die Diskussionsphase zu den Ideen.

Je nach Zielvorgabe wird dann die weitere Materialsammlung einzeln oder in der Gruppe realisiert und danach ausgewertet.

Auch wenn keine gemeinsame Ausarbeitung vorgenommen werden soll, so sollte man sich dennoch den Vorteil dieser Gruppenproduktivität für sein Einzelreferat (Examensarbeit etc.) nutzbar machen.

2.4. Texte erarbeiten

Bei schwierigen Texten ist man als Einzelarbeiter schnell an seine Verständnisgrenzen gelangt. Hier ist man oft auf die Hilfen anderer angewiesen.

Durch gemeinsames Bearbeiten können Lücken leichter geschlossen werden. Auch Querverbindungen zu anderen Bereichen, Abgrenzungen und kritische Stellungnahmen sind in der Gruppe schneller und differenzierter zu finden.

Notieren Sie stets die Arbeitsergebnisse und heften Sie diese zu dem Artikel bzw. legen Sie die Notizen in dem relevanten Ordner ab.

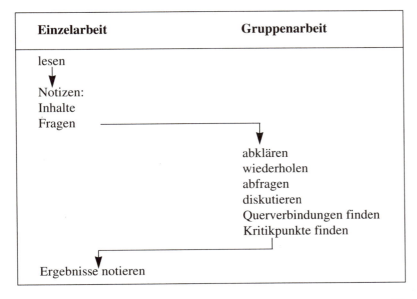

2.5. Langfristige Arbeiten: Referate, Examensarbeiten etc.

Gerade bei langdauernden Arbeiten ist man vorwiegend einzeln tätig.

An wichtigen Stellen sollte man sich jedoch stets den Rat anderer einholen. Das kann bereits bei der Themensuche und Materialsammlung einsetzen. Später sollte die Grobgliederung kompetent von außen begutachtet werden. Danach werden die Korrekturen sich immer mehr auf formale Aspekte (Texterstellung, Tippfehler, Stilistik) reduzieren. Schließlich ist die Ausarbeitung dann so speziell, daß sie gegebenenfalls die differenzierte Kompetenz der Mithelfer überfordern kann.

Wichtig ist bei diesen einzelnen Kritikphasen, daß man sich nicht angegriffen fühlt. Zu leicht beginnt man, seine Arbeit zu verteidigen. In solchen Fällen hat man vorher wohl nicht ausreichende Erklärungen im Text abgehandelt. Auch wenn Sie die einzelnen Inhalte lange durch mündliche Zusatzbemerkungen erklären müssen, sollten Sie selbstkritisch feststellen: mein Text müßte diese Erklärungen bereits enthalten, dann gäbe es jetzt nicht diese Verwirrung und meine mündlichen Erklärungen wären überflüssig.

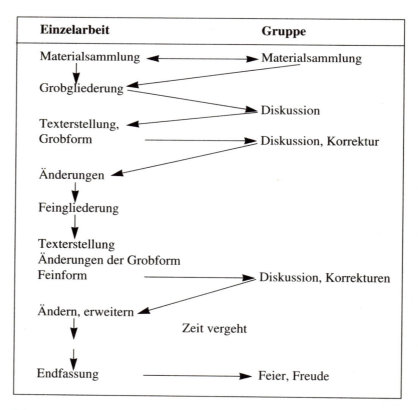

3. Prüfungsvorbereitungen

Zur Prüfungsvorbereitung sollte man sich unbedingt einer Gruppe von maximal fünf Personen anschließen. Wie oben dargestellt, läßt sich Freud und Leid in einer Gruppe besser ertragen.

Wenn ein umfangreiches Pensum zu bewältigen ist, so sollten die Gruppenmitglieder die einzelnen Fächer, Unterthemen, Sachgebiete zur Erarbeitung untereinander aufteilen. Jedes Gruppenmitglied übernimmt dann das „Patronat" für bestimmte Fächer.

Der *Patron* für ein bestimmtes Fach ist dann verantwortlich für:
– die Erkundung der Fachliteratur auf diesem Gebiet;
– das Erstellen einer Literaturliste;
– die Materialsammlung = Bereitstellen von z.B. Kopien, Karteien, Skripten, Ausarbeitungen;
– die Einleitung durch mündliche oder schriftliche Übersichtsreferate;
– die Führung der Fachdiskussion;
– die Unterprogramme und Tutorien.

Bei Lernproblemen und Schwächen der Gruppenmitglieder erteilt der Patron Vertiefungsinformationen, nimmt binnendifferenzierten Unterricht vor, unterstützt gezielt Einzelpersonen etc.

Auf diese Weise können sich alle stets aufeinander verlassen.

Der Patron wird durch seine Spezialaufgabe zunehmend kompetenter und sicherer für seine Prüfung und kann dadurch wieder stabilisierend für die anderen wirken.

Da die Patronate auf alle verteilt werden, können somit nicht so schnell Gefälle im Sinne einer Benachteiligung entstehen.

Je näher die Prüfung kommt, desto mehr kann man sich in der Gruppe gegenseitig stützen und sich auf dieses gewachsene soziale Netz verlassen.

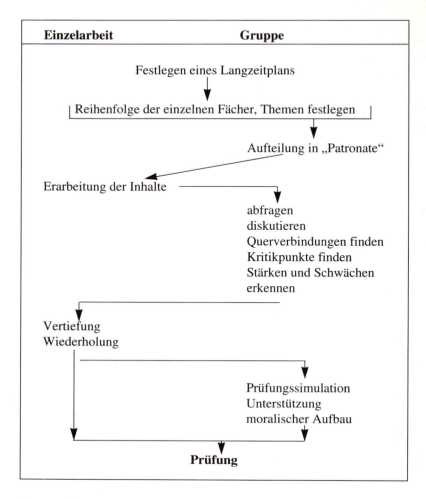

Nutzen Sie unbedingt die Vorteile der Gruppe

Stellen Sie Regeln in der Gruppe auf, um mit Problemen besser umgehen zu können, z.B. für:

– Terminabsprachen,
– Dauer der Arbeitsphasen,
– Pausen,
– Inhalte, Kompetenzen,
– Lerntempo,
– Kritikfähigkeit,
– Problembearbeitung,
– Ausfall eines Gruppenmitgliedes.

Beispiele für konkrete Problemstellungen in der Gruppe – und Vorschäge, welche Themen Sie diskutieren sollten:

1. Wie sollte man verfahren, wenn ein Mitglied Termine nicht einhält, unpünktlich ist oder unregelmäßig teilnimmt?
2. Wodurch hat die Unzufriedenheit (Unpünktlichkeit, Aggression, Unzuverlässigkeit) zugenommen? Was läßt sich ändern?
3. Sind die Arbeitsanteile gleichmäßig unter den Gruppenmitgliedern verteilt (inhaltlich, mengenmäßig)?
4. Besteht Leistungsdruck? Ist er (terminlich, inhaltlich) gerechtfertigt? Wer übt den Druck aus?
5. Fühlt sich jemand benachteiligt, übervorteilt (zeitlich, inhaltlich, finanziell, sozial)? Durch wen?
6. Ist das Arbeitsklima: angenehm, hilfreich, bedrückend, überfordernd, unterfordernd, lasch? Wer oder was ist dafür verantwortlich?
7. Welche Regeln werden eingehalten/nicht eingehalten?
8. Gibt es Spezialaufgaben in der Gruppe? Wie zufrieden sind Sie mit der Aufteilung dieser Aufgaben? Werden die Aufgaben angemessen erledigt?
9. Wie gehen die einzelnen Personen mit Lob und Tadel um? Hier sollten sich alle gegenseitig Rückmeldung geben.
10. Welche Personen wurden in letzter Zeit zu selten gelobt/getadelt? Welche Personen wurden in letzter Zeit zu oft gelobt/getadelt?
11. Womit kann der einzelne, besonders aber die Gruppe angemessen belohnt werden? Zeitraum und Inhalte festlegen.

Bitte überprüfen Sie Ihren Lernerfolg in diesem Kursteil mit der **Checkliste zur Lernkontrolle** in Anhang A.

Teil 2: Methoden und Techniken zum richtigen Lernen und Behalten

1. Vermeidungsverhalten abbauen
2. (K)ein modernes Märchen: Durch Zettel kein Verzetteln
3. Der geistige Motor muß warm laufen
4. Lernportionen
5. Lernposition
6. Das Lernplateau und verteiltes Lernen
7. Pausen: geliebt und gefürchtet
8. Lernkanäle: Viele Wege führen zum Gehirn
9. Ende gut, alles gut: Der positive Abschluß
10. Vorbereitung der nächsten Lerneinheit
11. SQ3R: die Wunderformel des Herrn Robinson
12. Ähnlichkeitshemmung
13. Die differenzierte Vokabelkartei
14. Das mechanische Lernen ist gar nicht so mechanisch!
15. Zettel, die Zweite: Von der richtigen Reihenfolge
16. Vortrag: Langeweile oder aktives Mitarbeiten?

Methoden und Techniken zum richtigen Lernen und Behalten

1. Vermeidungsverhalten abbauen

Soll man unangenehme (aversive) oder langweilige Tätigkeiten ausführen, so versucht man, diese vor sich herzuschieben.

Man findet dann immer mehr Gründe, andere Dinge zu tun, die anscheinend wesentlich angenehmer sind. Hierdurch vermeidet man, sich in eine vermeintlich aversive Situation zu begeben.

Typische Vermeidungsverhaltensweisen vor Lernbeginn sind z.B.:

– Zur Toilette gehen;

– etwas aus dem Kühlschrank holen;

– ein Getränk zubereiten;

– Radio hören;

– Zeitung lesen;

– Blumen gießen;

– Knöpfe annähen;

– Auto waschen/reparieren;

– Bleistifte/Radiergummi kauen.

Bei näherer Betrachtung sind dies teilweise sogar sehr unangenehme Tätigkeiten.

> Fatal ist beim Vermeidungsverhalten, daß man sich nicht nur der Arbeit entzieht, sondern sich dadurch vielmehr für die Verzögerung belohnt.
>
> Das hat zur Folge, daß man immer mehr vermeidet.

Oft bekommt man dann schlechte Laune, wenn man vor lauter Vermeidung nicht viel geschafft hat und eine gehörige Portion Zeit vertan hat.

Es entsteht dann auch oft die Mentalität: „So kurz vor der Mittagspause lohnt ein Anfang erst recht nicht, also beginne ich erst nachmittags." Damit hat man den Arbeitsbeginn auf relativ unbestimmte Zeit verschoben und fängt vielleicht gar nicht an.

Manch ein Student verzögert auf diese Art nicht nur um Tage, sondern um Wochen und Monate seine Arbeit.

Was man gegen Vermeidungsverhalten tun kann

Vor der Erteilung von Ratschlägen möchte ich ein kleines lebenspraktisches Beispiel zitieren:

Viele Kinder essen schlecht und nörgeln beim Essen, weil ihr Teller zu voll gefüllt ist. Dadurch entwickeln sie Angst und zeigen Vermeidungsverhalten, indem sie lustlos auf dem Teller herumstochern. Nur durch äußeren Druck essen sie dann.

Abhilfe ist meist leicht zu schaffen, wenn man dem Kind gestattet, sich sein Essen selbst auf den Teller zu portionieren. Meist hilft es auch, wenn man eine besonders kleine Portion auf den Teller gibt. Ist diese konsumiert, darf ein ebenfalls kleiner Nachschlag erfolgen.

Hier wurde der aversive Charakter „große Menge Essen" abgeschafft. Durch die kleinen Mengen bekommt das Kind Übersicht – und es hat schneller das Erfolgserlebnis, daß sein Teller leergegessen ist.

Ähnlich psychologisch muß man vorgehen, wenn man eine Riesenportion von Wissen vor sich auf dem Schreibtisch liegen hat:

1. Anfänglich (also zum Abbau der Lernprobleme) die Lernportionen oder das gesamte Lernpensum reduzieren.

    Dann ist die Arbeit kein Riesenberg mehr, damit nicht mehr so angsterzeugend und aversiv – und kann leichter begonnen werden.

2. Die einzelnen Lerneinheiten in angenehme und überschaubare Mengen- und Zeiteinheiten unterteilen.

3. Besonders angenehme Anfangstätigkeiten finden.

Dadurch fängt man leichter an und wird durch die Tätigkeit selbst noch belohnt.

4. Auf strenge Disziplin achten.

Dies beinhaltet ein strikt selbstauferlegtes Verbot von Vermeidungsverhalten und dadurch in hohem Maße Selbstkontrolle.

5. Belohnung *nach* der Arbeit.

Die angenehmen Tätigkeiten (also die Vermeidungsverhaltensweisen) dürfen erst ausgeübt werden, wenn ein Arbeitsteil erledigt ist. Dann wirken sie als angemessene Belohnung für das Arbeiten. Letztlich freut man sich dann sogar auf diese Belohnungen und gibt sich mehr Mühe bei der Arbeit.

6. Belohnung deutlich machen.

Falls es Ihnen schwer fallen sollte, die Belohnungen aufzuschieben, so notieren Sie diese auf kleinen Zetteln an Ihrer Pinnwand. Dadurch wird die geplante Belohnung für Sie plastischer – um so leichter können Sie dann ein Aufschieben vornehmen.

7. Auf dem Platz bleiben.

Falls Sie die Disziplin der Belohnung (= Belohnung erst nach der Arbeit) zwar gut einhalten können, Sie aber dennoch nicht mit der Arbeit beginnen können, so sollten Sie trotzdem am Arbeitsplatz sitzen bleiben!

Notieren Sie dann bitte, was Sie eigentlich arbeiten sollten, was Ihnen daran schwirig erscheint. Welche Aspekte machen dabei Angst? Welche sind aversiv? Welche könnten Freude bereiten?

Auf diese Weise beginnen Sie bereits Ihre Arbeit, indem Sie sich mit dem Lernmaterial auseinandersetzen:

Sie werden sich über Ihre verschiedenen Motive klarer. Sie werden jedoch zur Beantwortung der obigen Fragen auch einige Details der Lerninhalte Ihres Buches (Artikels etc.) näher ansehen müssen … – Also fangen Sie bereits damit an, etwas zu erkunden und dadurch zu lernen!

2. (K)Ein modernes Märchen: Durch Zettel kein Verzetteln

Es war einmal eine große moderne Fabrik. In ihr wurden nach neuesten technischen Erkenntnissen auf einem anheimelig surrenden Fließband wunderschöne Haushaltsgeräte produziert (ich glaube, es waren Kühlschränke).

Trotz zunehmender weiterer technischer Verbesserungen nahm die vom Chef geschätzte Produktionsquote jedoch nicht erwartungsgemäß zu.

Psychologische Studien der Hausgelehrten wurden über die Belegschaft erstellt. Sie ergaben, daß die Arbeitslust dieser fleißigen Menschen abgenommen hatte und ihre Fehlzeiten zunahmen. Nach vielen freundlichen Interviews erkannte man, daß die Arbeiter sich kaum mit ihrer Tätigkeit identifizieren konnten. Ihre Arbeit war anonym und fremd für sie geworden. Sie gingen abends heim, ohne zu wissen, wofür sie gearbeitet hatten.

Nun kamen die Hausgelehrten auf die Idee, daß die lieben Arbeiter über ihre Arbeit frustriert sein könnten. Deshalb wollte man nun die Tagesproduktion nicht mehr wie bisher sofort abtransportieren. Das Lager wurde direkt sichtbar neben das Fließband verlegt. So konnte jeder Fließbandarbeiter ständig beobachten, wie der von ihm produzierte Berg wuchs – und abends konnte er zufrieden mit der Leistungsmenge sein.

Von nun an war das Betriebsklima besser, die Fehlzeiten sanken, die Produktionsraten stiegen, und so lebten alle glücklich, besonders der Fabrikbesitzer – bis zur nächsten Tarifrunde.

Mag man zur Fließbandarbeit und den angewandten Methoden unterschiedliche Standpunkte vertreten – den Lernenden geht es jedenfalls ähnlich wie den Fließbandarbeitern. Sie benötigen ebenfalls Hilfen zur Motivationsverbesserung ihrer schier nie enden wollenden Lernproduktion.

Differenzierung der Tätigkeit bringt Abwechslung

Zu schnell neigt man dazu, das große Paket der anstehenden Lernaufgaben an einer Ecke zu beginnen und dann loszuarbeiten, bis das Pensum geschafft ist oder bis man selbst geschafft ist.

Arbeit muß vor Beginn strukturiert und geplant werden.

Verschaffen Sie sich vor Beginn Übersicht darüber:

- welche Inhalte erarbeitet werden müssen;
- welche Tätigkeiten (z.B. lesen, schreiben, sammeln, auswendig lernen) erbracht werden müssen;
- welche Bearbeitungszeiten benötigt werden;
- welche Dringlichkeit in bezug auf die einzelnen Inhalte und Tätigkeiten vorliegt.

Sie wissen nun, was Sie in den nächsten Stunden erwarten wird, also kann es schon mal keine bösen Überraschungen mehr geben.

Nun beginnt die Zettelwirtschaft

Nehmen Sie kleine Zettel von der Größe einer Spielkarte und notieren Sie auf jedem Zettel, welche Arbeiten für den folgenden Zeitabschnitt von 2-4 Stunden zu verrichten sind und versuchen Sie, die erforderlichen Arbeitszeiten abzuschätzen.

Insgesamt liegen nun mehrere Zettel vor Ihnen, die jetzt in der Reihenfolge sortiert werden, wie sie in der folgenden Arbeitseinheit gelernt werden sollen.

Dann werden sie in dieser zeitlichen Reihenfolge an die Pinnwand (die Tischkante, die Tür, den Fensterrahmen) geheftet.

Diese Planung hat nun eine sinnvolle Ordnung geschaffen, die das Lernen erleichtert. Der „Managerkalender" ist perfekt und gibt durch die Übersichtlichkeit Sicherheit.

Das Lustvolle an der Zettelwirtschaft!

Immer, wenn eine Tätigkeit beendet ist, wird der betreffende Zettel wonnevoll abgerissen, zerknüllt, zerknittert, zerrissen, weggeworfen. Sie merken dann richtig, wie schön es ist, diese Portion Arbeit abzuschließen. Gleichzeitig merken Sie, daß die Reihe der Zettel immer kürzer wird. D.h., Ihnen wird der Erfolg Ihrer Bemühungen plastisch vorgeführt.

Diese „Zettelwirtschaft" mag wie eine Kinderspielerei aussehen, hat aber tatsächlich erstaunlich motivierende Wirkung, besonders wenn viel zu bearbeiten ist oder lange Arbeitsphasen vor einem liegen.

Letztlich haben Sie durch den Erfolg der Zettelvernichtung automatisch einen positiven Abschluß Ihrer Arbeit. Entsprechend wird der Wiederbeginn nach der Pause leichter fallen.

Bei langwierigen Schreibarbeiten bzw. Ausarbeitungen benutze ich diese Planungstechnik ebenfalls und erlebe sie stets als äußerst hilfreich.

Wenn ich lange Wochenendseminare von mitunter über 20 Stunden abhalte, haben alle Teilnehmer (auch ich!) Angst vor diesem immensen Stundenumfang und den damit verbundenen Anstrengungen. Am Anfang gebe ich deshalb stets einen Überblick und hefte dabei die einzelnen Themenzettel an die Wand.

Es ist immer wieder mit Freude zu beobachten, wie alle es genießen, wenn wieder ein Zettel entfernt werden kann und die Reihe immer kürzer wird, bis dann das Ende greifbar ist. Herrlich befreiend ist das!

Beispiel:

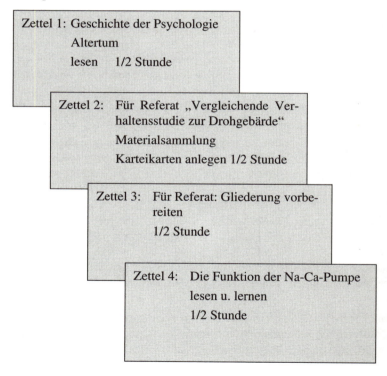

3. Der geistige Motor muß warm laufen

Bei jeder Sportart muß man sich vor Beginn des Wettkampfes oder der entsprechenden Tätigkeit warmmachen, um dann für den Einsatz angemessen aktiviert zu sein. Das gleiche gilt bei Instrumentalisten; vor dem Konzert spielen sie sich ein. Auch Maschinen haben nach dem Start noch nicht ihre optimale Leistung, sondern brauchen ebenfalls erst eine Warmlaufphase.

Früher nahm man an, daß es bei der geistigen Arbeit anders sei: der über das Fleisch erhabene Geist sei sofort voll leistungsfähig. Neuere wissenschaftliche Studien zeigen, daß auch unser Denkapparat eine Warmlaufphase benötigt.

Am Anfang einer längeren Lernphase ist die Aufnahme- oder Lernfähigkeit noch relativ gering. Erst nach wenigen Minuten ist dann die volle Leistungsfähigkeit erreicht. Möglicherweise hängen damit Eingewöhnungsfaktoren zusammen, da man sich auf die Inhalte neu einstellen muß. Es kann auch sein, daß in den Speichereinheiten des Gehirns die erforderlichen Strukturen und Verbindungen hergestellt werden müssen. Schließlich braucht der Computer ebenfalls ein paar Sekunden, bis sein Betriebssystem einsatzbereit ist, und erst dann können die Arbeitsprogramme bereitgestellt werden.

Die praktische Konsequenz aus dieser Erkenntnis ist:

> Da man zum Lernbeginn eine Anlaufphase von wenigen Minuten braucht, sollte deshalb mit möglichst leichten Arbeiten begonnen werden.

Leichte Arbeiten für die Warmlaufphase sind:
– Vokabeln durchlesen und damit für das Lernen vorbereiten;
– aus dem Sachregister eines Buches entsprechende Begriffe heraussuchen und kennzeichnen, die Seitenzahlen auf einen Notizzettel schreiben;
– einfache Texte lesen;
– Karteikarten ordnen und schreiben;
– Skripten, Artikel etc. abheften.

Vorteile dieses leichten Starts sind:
– Das Anfangen wird erleichtert.
– Man überfordert sich nicht gleich zu Beginn.

- Durch den Anfangserfolg wird die Arbeitsmotivation gefördert.
- Dadurch belohnt man sich selbst für den Beginn – also wird er das nächste Mal leichter fallen.
- Die später erforderlichen „schweren und komplizierten" Programme werden in der Anlaufphase bereitgestellt für nachher.

Erst nach dieser Phase sollten Sie die schwierigen Arbeitsprozesse einplanen.

4. Lernportionen

In öffentlichen Gebäuden gibt es Richtwerte, wie stark Räume und Fußböden belastet werden dürfen. Wird diese Menge, z.B. auf Fußballplätzen, überschritten, kann nicht mehr für die Sicherheit der Leute und den angemessenen Spielverlauf gesorgt werden. Es gibt also eine optimale Menge, über die nicht hinausgegangen werden sollte.

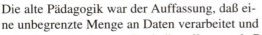

Die alte Pädagogik war der Auffassung, daß eine unbegrenzte Menge an Daten verarbeitet und gelernt werden könne. Deshalb sollten auch Riesengedichte wie „Die Bürgschaft" auswendig beherrscht werden.

Die Forschungsergebnisse der Lern- und Gedächtnispsychologie sowie der Linguistik zeigen, daß eine Lernportion von 5 bis 7 Elementen (= chunks) leicht auf einmal gespeichert werden kann.

Wird diese Menge überschritten, treten mehr Verluste auf, d.h. es wird weniger behalten.

Chunks sind Sprach- oder Merkeinheiten, gleich ob es sieben Silben, Worte, Wortdefinitionen sind oder Ziffern, Jahreszahlen, Autonummern, Telefonnummern, Preise etc.

> Für die Lernpraxis bedeutet dies:
> Bereiten Sie Ihre Lerndaten so auf, daß maximal 7 Begriffe beim Lernen und Abspeichern nicht überschritten werden.

Beispiele für die Art der Begriffe sind:
- Vokabeln;
- Fachbegriffe;
- Definitionen;
- anatomische Termini;
- Jahreszahlen und damit verbundene Ereignisse;
- chemische Verbindungen;
- Merksätze.

Auf diese Weise der Portionierung haben Sie sich das Lernen bereits erleichtert.

Umfangreichere Begriffssammlungen (Vokabellernen) sollten entsprechend in die optimale Lernmenge portioniert werden.

Dieses Einteilen bereitet kein Problem, da man jederzeit derartige Großmengen schnell und leicht in hirnhandliche Einheiten gruppieren kann. Vielleicht lassen sich dabei sogar Untergruppierungen finden, die zusätzlich lernerleichternd sind.

Sinnvoll gruppiertes Lernmaterial wird besser behalten als beziehungslos stehende oder isolierte Elemente.

5. Lernposition

Im Kino und Theater, aber auch auf dem Sportplatz und in der Schulklasse, gibt es weniger beliebte und sehr begehrte Plätze, also solche, auf denen man besonders gut dem Geschehen folgen kann.

Tatsächlich finden wir auch beim Lernen bevorzugte Plätze.

> Anfang und Ende einer Lernreihe werden besser behalten als die Mittelteile.

Beispiel:

Wenn man 21 Vokabeln zu lernen hat, so sollte man eine Einteilung in optimale Lernportionen von jeweils 7 Vokabeln vornehmen. Also wären drei Pakete zu lernen.

Da Anfang und Ende eines Lernpaketes bevorzugt abgespeichert werden, sind somit bereits 6 Vokabeln ohne Aufwand besonders gut gespeichert. Das sind 29%!

Bei der Lernwiederholung nach 1 bis 2 Stunden wird man dann eine andere Aufteilung und Reihenfolge der Vokabeln vornehmen – und schon haften andere Vokabeln ebenfalls besser.

Das hört sich fast nach dem marktschreierischen Versprechen eines Wundermittelverkäufers in der Fußgängerzone einer Großstadt an?

Probieren Sie es aus! Es ist tatsächlich erprobt und bewährt!

Die Ergebnisse der Lern- und Gedächtnisforschung müssen eben nicht so kompliziert anzuwenden sein, wie die dicken Fachbücher sie mitunter darstellen.

> Ihre Aufgabe ist lediglich:
> 1. Umfangreichen Stoff unterteilen.
> 2. Maximal 7 Merkeinheiten zusammenstellen.
> 3. Anfangs- und Endposition ausnutzen.
> 4. Wiederholen.

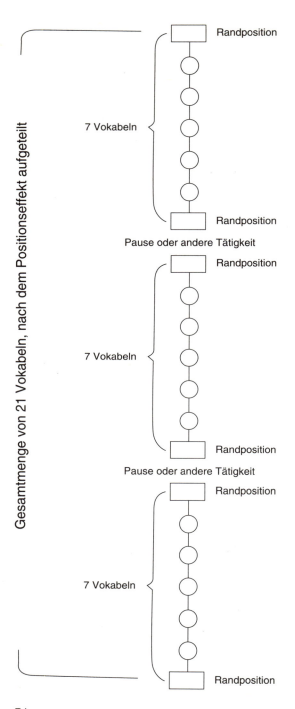

6. Das Lernplateau und verteiltes Lernen

Wie aus den vorhergehenden Abschnitten deutlich wurde, ist die Aufnahmefähigkeit keine unendlich große „Kiste", in die man beliebig viel hineinstopfen kann. Man unterliegt hier zahlreichen Lerngesetzen – die man sich nutzbar machen sollte.

Nachdem die Anfangsphase im Lernen überwunden ist, und das Gehirn nun mit schwierigerer Kost gefüttert werden kann, darf man nicht mit einer linearen Zunahme seines Wissens rechnen. Es ist recht enttäuschend, wenn man nach längerer Lernzeit meint, immer weniger behalten zu können. Das trifft tatsächlich zu!

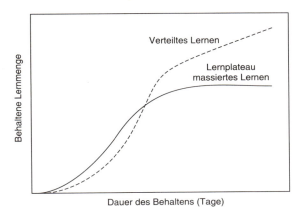

Behalten in Abhängigkeit von der Lerntechnik

> Wenn man zu lange den gleichen Stoff lernt (Vokabeln, Texte, Begriffe), kommt es zu einem Lernplateau.
>
> Weiteres Lernen bewirkt dann keine Lernverbesserung, sondern Stagnation.
>
> Es wird nur unnötiger Energieaufwand betrieben, ohne Gewinn.
>
> Falls man dann noch weiterlernt, wird sogar eine Abnahme des bereits erworbenen und abgespeicherten Lernstoffes bewirkt.
>
> Es gibt also eine Übersättigung. Mehrarbeit schadet dann nur.

Der Lernstoff sollte nicht massiert, also nicht mit viel Aufwand in mehreren sofort aufeinanderfolgenden Wiederholungen aufgenommen werden.

Verteiltes Lernen ist effektiver: Der Lernstoff sollte zeitlich verteilt mit Zwischenpausen bearbeitet werden.

Der Arbeitsaufwand ist dabei geringer und weniger mühevoll. Das Erlernte wird anfangs vielleicht etwas schlechter behalten, nach diesen verteilten Arbeitsphasen jedoch wesentlich besser aufgenommen – und bleibt natürlich auch wesentlich besser und länger im Gedächtnis haften.

Z.B. sind für Vokabeln Lernabstände von 20-40 Minuten zu empfehlen.

Bei großen Textblöcken wie Buchkapiteln sollten sogar mehrere Stunden dazwischenliegen.

Der Ablauf des verteilten Lernens:
1. Langsam und aufmerksam durchlesen.

    Also bloß nicht gleich einprägen und büffeln wollen.
2. Pause. Es wird etwas völlig anderes getan.
3. Nun die einzelnen Begriffe einprägen.
4. Pause. Wieder ganz andere Dinge tun. Das kann durchaus geistiges Arbeiten sein, jedoch nichts dem gerade Getanen Ähnliches.

    (Also sollte man in der Zwischenpause nach den Englischvokabeln Mathe machen und nicht Französischvokabeln.)
5. Wieder Einprägen der Begriffe.
6. usw.

Der Vorteil besteht bei dieser Methode darin, daß durch die lernfreien Zwischenräume das Gedächtnismaterial ausreichend abgespeichert werden kann. Die Pause schafft genug Zeit, die richtigen geistigen Schubladen zu finden, bzw. diese mentalen Karteikarten oder Diskettenfiles verwechslungssicher und dauerhafter zu definieren.

Beim nächsten Wiederholen nach der Zwischenpause trifft man vereinzelt auf schon bekannte Inhalte, und die Freude daran, den Lernzuwachs deutlich beobachten zu können, nimmt zu. Also erfolgt dadurch zusätzlich und automatisch eine förderliche Lernverstärkung!

7. Pausen: geliebt und gefürchtet

Beobachten wir Schüler und Studenten, wenn sie ein umfangreiches Arbeitspensum zu bewältigen haben!

Fast immer können wir feststellen, daß sie meist mehrere Stunden fleißig-verbissen arbeiten, die Welt um sich herum vergessen. Danach sind sie oft erschöpft, aber glücklich, so viel gearbeitet zu haben.

Die Lernüberprüfung am gleichen oder am nächsten Tag bringt es dann an den Tag: gemessen am immensen Zeitaufwand ist unglaublich wenig hängen geblieben! Die entstehende Panik treibt wieder zu neuen Kraftanstrengungen an – um den gleichen Frust wieder zu bereiten.

Tatsächlich lernen viele Studenten bis zu zehn oder mehr Stunden täglich fleißig und erzielen in Relation dazu minimale Lerngewinne.

Die genauen Analysen in meiner Praxis zeigen dann, daß sie kaum angemessene Lerntechniken beherrschen und sich meist zeitlich überfordern.

> Unsere Lernmaschine Gehirn kann nicht beliebig lange mit Eingaben gefüttert werden.
>
> Sie benötigt Speicher- und Verarbeitungszeiten und Wartungspausen.

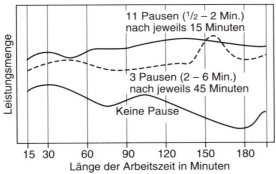

**Arbeitsleistung bei unterschiedlichen Pausen
(Ermittelt mit Additionsaufgaben; nach Graf, 1961)**

In jedem gewerblichen Betrieb sind Pausenzahl und Dauer tariflich festgelegt. Der Arbeitnehmer hat einen gesetzlichen Anspruch darauf, und der Arbeitgeber hat die Fürsorgepflicht, daß die Pausen eingehalten werden. Sie dienen der Erholung, der Nahrungsaufnahme, Kräfteerneuerung, Entspannung, Wiederherstellung der Leistungsfähigkeit, Verminderung von Unfällen, Verbesserung der Produktion usw.

Die Pausen sind somit nicht nur Fitmacher für den Profit, sondern auch Selbstschutz.

Aus der elektronischen Datenverarbeitung

Wollen wir ein Programm oder Texte im Computer abspeichern, so benötigt dieser – trotz seiner gerühmten Geschwindigkeit – ein paar Sekunden, bis der Speichervorgang beendet ist. Diese Zeit ist systembedingt und allein für das Speichern vorbehalten, andere Operationen sind dann meist nicht möglich (es sei denn, das Maschinchen ist gigantisch und besteht eigentlich aus mehreren).

Geben Sie dem Computer oder dem einfachen Taschenrechner zu viele Daten ein, so reagiert er mit „E" oder „overflow". Die bewundernswert schnelle Technik ist hier konsequent und signalisiert sinnvollerweise ihre Grenzen. Nur der (fleißige) Mensch meint, er könne seine neurosengesteuerte Biomasse der grauen Zellen stetig auspowern.

Pausen sind in gleicher Weise wichtig wie die Arbeitsphasen.

Arbeit + Pausen = sinnvolle Arbeitszeit.

Wahrscheinlich werden so selten Pausen eingelegt, weil man meint, das sei vertane Zeit. Man vermeidet somit eine Pause aus Angst vor Zeitverlust. Angst und Vermeidungsverhalten sind jedoch schlechte Begleiter.

Pausen müssen fest eingeplant werden.

Wenn man Pausen fest einplant, so werden sie zu Bestandteilen des Arbeitens und des mit sich selbst abgeschlossenen Vertrages.

Auch wenn das erhoffte Pensum nicht erreicht wurde, darf bzw. muß die Pause genommen werden. Je besser man dadurch abschaltet, um so besser kann man danach wieder lernen.

Es besteht das Recht und die Verpflichtung, die Pause zu nehmen, unabhängig vom Lernerfolg.

Auf diese Weise können Pausen als Erholung lernfördernd wirken. Sie bereiten dann keine Schuldgefühle mehr und verursachen keine Angst wegen vertaner Zeit.

> Pausen müssen mit gutem Gefühl genossen werden.

Soviel zu einer gesunden und effektiven Pausenmoral.
Es sollten sechs verschiedene Pausenarten unterschieden werden:

1. Abspeicherpause (10-20 Sekunden);
   sie ist sehr kurz und stoffbezogen.

2. Umschaltpause (3-5 Minuten);
   sie ist kurz und arbeitsorientiert.

3. Zwischenpause (15-20 Minuten);
   nach Lerneinheiten von circa 90 Minuten unbedingt erforderlich.

4. Lange Erholungspause (1-3 Stunden);
   Mittagspause, Feierabend etc.

5. Freie Tage;
   nach viel Anstrengung (1-2 Tage).

6. Urlaubszeit;
   steht ebenfalls tariflich zu (1-... Wochen).

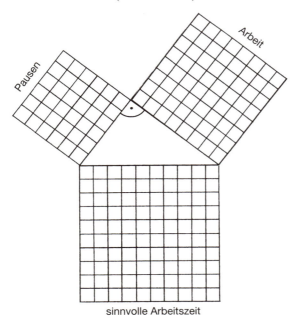

1. Die Abspeicherpause

Wie bereits dargelegt, kann man nicht kontinuierlich lernen. Nach jedem neuen Begriff (Vokabel, Formel, Definition) soll man unbedingt kurze Abspeicherpausen einlegen, damit unser Hirncomputer ausreichend Zeit hat, ordnungsgemäß abzulegen.

Sie nutzen diese Zeit, indem Sie sich den Begriff nochmals intensiv vorstellen und mit einem treffenden Namen belegen. Auf diese Weise haben Sie dieser geistigen Karteikarte nun einen Namen gegeben, mit der sie später wieder eingeladen werden kann. Das ist für Prüfungen wichtig, in denen wir besonders schnell wichtige und komplexe Daten abrufen und verknüpfen müssen.

Später werden Sie noch lernen, daß Sie sinnvollerweise auch Pausen zum Erinnern (zum Laden des Begriffs) benötigen.

> Konzentrieren Sie sich während der Abspeicherpause nur allein auf den Inhalt, und schließen Sie sogar während dieser wenigen Sekunden die Augen.
>
> Bei bildhaften Inhalten (Tabellen, Formeln, Diagrammen) nehmen Sie nach dem Lernen lediglich das Gesamtbild über einige Sekunden in sich auf.

2. Umschaltpausen

Ist ein Lernstoffbereich abgeschlossen oder eine neue Arbeitsmethode (lesen, schreiben, lernen) beendet, sollte eine kurze Umschaltpause eingelegt werden.

> Nach Abschluß eines Lernstoffes oder bei Methodenwechsel guten Gewissens 3-5 Minuten Pause machen.

Während unseres täglichen Lebens bilden wir fortlaufend Kategorisierungen und relativ sinnvolle Speichergruppierungen. Wenn wir ein Lerngebiet verlassen und nahtlos zu einem neuen übergehen, dann kann es dadurch zu Grenzverwischungen kommen. Es treten also Unsicherheiten auf, in welcher Akte abgespeichert wird, bzw. in welcher Akte später gesucht werden soll.

Jeder Handwerker wird, wenn er zu einer anderen Arbeitsmethode wechselt, die alten Arbeitsgeräte reinigen und weglegen, dann die neuen vorbereiten: Der Anstreicher z.B. setzt den Kleister an, reinigt nun den Tapeziertisch und legt sich die Tapetenrollen bereit, holt die Schere, Bleistift etc. und beginnt dann erst, die Bahnen auf Länge zu schneiden.

Ein Vergleich mit der Computerarbeit veranschaulicht dies ebenfalls. Bei einem Wechsel in ein anderes Verarbeitungsprogramm benötigt auch der geliebte PC einige Zeit, bis damit weitergearbeitet werden kann.

Der Lernstoffwechsel ist mit einem Diskettenwechsel vergleichbar, da wir unterschiedliche themenbezogene Disketten benutzen.

> Die Umschaltpause ist systembedingt.
>
> Die Umschaltpause sollte konsequent eingehalten werden.
>
> Sie dient der Verbesserung der Lern- und Speicherkapazität.
>
> Der Umfang von 3-5 Minuten sollte nicht überschritten werden, da es sich hier um eine wissenschaftlich erprobte optimale Zeitdauer handelt.

3. Die Zwischenpause

Bei jedem körperlichen und geistigen Arbeitsprozeß treten nach einiger Zeit Ermüdungen ein. Man kann dann nicht mehr so schnell oder so gut arbeiten, die Fehlerquote steigt, die Arbeitseffektivität nimmt ab.

Deshalb müssen Busfahrer gesetzlich vorgeschrieben nach 4 Stunden eine Mindestpause einlegen, deren Einhaltung überprüft wird.

> Nach circa 90 Minuten Arbeit sollte eine kurze Zwischenpause von 15-20 Minuten eingehalten werden.
>
> Sie erhöht die Aufnahme- und Lerneffektivität.
>
> Halten Sie diese Pause ein. Es ist zu Ihrem Vorteil.
>
> Verlassen Sie während dieser Pause den Arbeitsplatz.
>
> Wählen Sie eine Freizeitaktivität.

Wenn Sie sich an diese Zwischenpause gewöhnt haben, wird sie Ihnen sehr lieb und willkommen werden. Sie sollten dabei tatsächlich wegtreten, abschalten, entspannen, loslassen, erholen. (Falls es Ihr Diätplan erlaubt, wäre hier eine kleine Zwischenmahlzeit möglich.)

Der Phantasie der Pausentätigkeiten sind hier nur räumliche und zeitliche Grenzen gesetzt.

Da die Leine in der Pause relativ lang gelassen wurde, kann diese Freiheit nun leicht überstrapaziert werden, indem man kein Ende seiner Pause findet und gröblich überzieht. Folgen sind anfangs Frohsinn und Schadenfreude, später Frust und Schuldgefühle!

> Halten Sie die Pausenlänge konsequent ein.

Falls es Ihnen schwer fallen sollte, die Pause zu beenden, so wenden Sie folgende Hilfsmöglichkeiten an:

- einen Wecker stellen;
- nur solche Tätigkeiten wählen, die Sie in der Pausenzeit beenden können;
- falls andere Personen einbezogen sind, werden Sie selbstsicherer, und bestehen Sie darauf, nun weiterzuarbeiten.

> In der Gruppe müssen Sie sich für das Weiterarbeiten nicht rechtfertigen. Es ist Bestandteil der Vereinbarungen.
>
> Also entwickeln Sie keine Schuldgefühle, wenn Sie lerneffektiv arbeiten wollen.

Überprüfen Sie dennoch, ob Sie arbeitsbezogen konsequent und sinnvoll lernen.

Oder sollten Sie mitunter spontan Gelegenheiten ergreifen, die wichtig sind (schön, aufregend, attraktiv, anregend ...)?

Überprüfen Sie, ob Ausnahmen berechtigt und sinnvoll sind.

4. Die Erholungspause

Nun geht es rund, es ist endlich soweit – Mittags- oder Feierabendzeit! Alle freuen sich darauf, vom Lehrling bis zum Chef (der gibt es nur nicht zu).

> Nach circa 4 Stunden sollte eine große Pause (z.B. Mittagspause, Feierabendzeit) von 1-3 Stunden eingelegt werden.

Der Pausenbeginn hängt davon ab, ob man einen festen Termin wahrnehmen muß (wie z.B. Verabredung), günstige Tischzeiten bei..., Schliessungszeiten von (z.B. Bibliothek, Institut, Geschäften).

Berücksicht werden sollte auch, daß man beim Lernen einen sinnvollen Abschnitt erreicht hat.

> Für Arbeitswütige und Vegeßliche sollte ein Wecker an die Pause erinnern.

Da nun Verlockungen jeglicher Art am Wegesrand ausgestreut sind, kann die Mittagspause besonders erholsam werden. Verbissene Abfragereien oder Lerndispute sollten also unterbleiben. Gerade hier wird dann eine Pause besonders sinnvoll.

Der Pausenumfang hängt von den äußeren Gegebenheiten ab. Wenn längere Fahrzeiten nach der Schule oder Wartezeiten in der Mensa erforderlich sind, dann wird die Pause länger sein.

Die Verlockungen in der Pause können solche Intensität annehmen, daß vorgefaßte Arbeitsprinzipien schnell vergessen und verlassen werden, z.B. ein Großeinkauf, eine Autoreparatur, ein „günstiges" Angebot oder ein Flirt.

Das Pausenende

Das Pausenende erfreut sich unterschiedlicher Beliebtheit:

Für die „Arbeitstiere", die gern arbeiten und dabei übertreiben, müssen Pausen nahezu zwangsweise eingeführt werden. Entsprechend wollen Sie die Pause früher beenden.

Für die Lernenden mit Arbeitsproblemen ist jede Pause willkommen: je länger desto lieber. Sie vermeiden dadurch das Weiterarbeiten.

> Pausen sind zum Umschalten und Erholen sehr wichtig.
> Pausen sind ein fester Bestandteil des Lernens.
> Das Pausenende sollte ebenfalls eingehalten werden; es kann durch ein festes Signal (z.B. Wecker) daran erinnert werden.

Diese festen Signale für das Pausenende sollten bewußt gesetzt werden. Nur auf diese Weise gewöhnt man sich leichter daran, auf sie einzugehen und dann weiterzuarbeiten.

Als Signale können gelten:
- Weckerton;
- Ende einer Rundfunksendung, z.B. Nachrichten;
- Ende des nächsten Schlagers im Rundfunk oder auf der Kassette;
- Erledigung z.B. des Abwaschs.

> Das Pausenende sollte bereits vor Pausenbeginn festgelegt werden.
>
> Zeigen Sie Selbstsicherheit, indem Sie dann Kontakte freundlich beenden (neue Verabredung treffen).
>
> Zeigen Sie Konsequenz, wenn Sie eine angenehme Tätigkeit beenden (unterbrechen) sollen.
>
> Denken Sie daran, daß Sie in der Mittagspause eventuell wichtige Dinge erledigen müssen, die für die weitere Lernphase erforderlich sind:
>
> – Bücher aus der Bibliothek oder dem Buchgeschäft abholen oder dort bestellen;
> – Sachkataloge im Institut konsultieren;
> – Fotokopien anfertigen;
> – Materialen wie Karteikarten, Füllerpatronen etc. einkaufen.

Verführerisch sind z.B. kleine Spaziergänge oder ein Blick in das Fernsehprogramm, der Beginn einer Langspielplatte. Hier bedarf es schon höherer Disziplin, nach der vereinbarten Zeit wieder zur Arbeit zurückzukehren.

> Halten Sie Ihre Pausen stets ein.
>
> Sie werden mit Ihrem Lernfortschritt immer zufriedener werden.

> Bitte überprüfen Sie, ob Sie die bisher gelesenen Lern- und Arbeitstechniken in die Praxis umsetzen.
>
> **Benutzen Sie die Checkliste zur Lernkontrolle in Anhang A.**

8. Lernkanäle: Viele Wege führen zum Gehirn

In der Lernforschung versucht man herauszufinden, durch welche Sinnesverarbeitung Lernmaterial am besten aufgenommen werden kann. Das ist teilweise müßig, da ein bestimmtes Material fast nur über den für ihn typischen Kanal vermittelt werden kann:

- Geschichtswissen wird primär über gelesene Texte dargestellt;
- Turnübungen sind primär motorisch erfahrbar;
- Musiklernen ist sowohl über die unterschiedliche Motorik als auch über das Gehör erfahrbar.

> Man lernt durch unterschiedliche Aufnahmekanäle:
>
> sehen – hören – sprechen – bewegen – schreiben
>
> Je nach Begabung oder Angewohnheit bevorzugt man die verschiedenen Aufnahmekanäle unterschiedlich stark. Man kann also über bestimmte Kanäle besser lernen als über andere.

Eine alte Weisheit? – Nicht ganz!

Viele kennen ihre bevorzugten Aufnahmemöglichkeiten und nutzen sie entsprechend. Dennoch sollte jeder für sich ausprobieren, ob er tatsächlich den für ihn optimalen Kanal benutzt.

Dazu benötigen Sie keinen speziellen Test.

Probieren Sie einfach andere Aufnahmemöglichkeiten aus!

- *Sprechen* Sie die Fragen und Antworten;
- *Lesen* Sie nach bestimmten Methoden (eine effektive Methode werden Sie im Buch noch kennen lernen);
- *Hören* Sie Argumente, Querverbindungen, Vokabeln der Mitlernenden, Dozenten, Lehrer.

Wenn Sie die Effektivität Ihrer Kanäle so getestet haben, werden Sie feststellen, daß es kaum extreme Spezialisierungen gibt.

> Besonders gut haftet ein Lernstoff, wenn er über *verschiedene* Kanäle aufgenommen wird.
>
> Trotz aller Optimierung und Spezialisierung im Aufnehmen sollten Sie also nicht einseitig werden.
>
> Wenn es nur irgendwie geht, machen Sie sich den Stoff auf unterschiedlichsten Ebenen zugänglich.

Der Vorteil der Benutzung möglichst unterschiedlicher Kanäle besteht in folgendem:

Die Aufnahmemodi sind sehr verschieden und erlauben so unterschiedliche Abspeicherungen. Diese werden – trotz unterschiedlicher „Eingabegeräte" – unter dem gleichen Stichwort abgespeichert. Der Lerngegenstand wird durch diese mehrschichtige Aufnahme tatsächlich „plastischer". Das ist vergleichbar mit einem Haus, von dem wir stets neue Eindrücke haben, je nachdem, ob wir ein Foto von dem Haus haben, Pläne des Hauses oder Videoaufnahmen von der Begehung.

> Wichtige Begriffe/Definitionen/Formeln sollten gelesen, gesprochen, geschrieben, gehört werden.
>
> Weiterhin ist wichtig, daß Sie sich das Lernmaterial anschaulich machen.
>
> Bereiten Sie das Lernmaterial für Ihre Innenbilder auf.

Strukturen erkennen und graphisch gegliedert darstellen.

Besonders für optisch Darstellbares können Sie Ihre Innenbilder aktivieren. Sie werden dabei behilflich sein, besser zu behalten und gut zu erinnern.

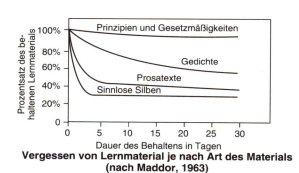

Vergessen von Lernmaterial je nach Art des Materials (nach Maddor, 1963)

Gerade Aufstellungen, Gegenüberstellungen, Querverbindungen, haben eine Struktur, die sich leicht in Form von Diagrammen, Tabellen oder ähnlichem darstellen läßt. Es ist geradezu ein Jammer, daß nur so wenige Fachbuchautoren diese Strukturen lernfreundlich handhaben und aufbereiten.

Hierzu ein Beispiel:

„Die Reptilien bilden eine der höheren Gruppen, die man als Klassen der Wirbeltiere bezeichnet. Sie nehmen, vom Standpunkt der Stammesgeschichte aus gesehen, ihren Platz zwischen den Amphibien einerseits, sowie den Vögeln und den Säugetieren andererseits ein. Heute leben etwa 6.000 Arten der Reptilien und verteilen sich auf 4 Ordnungen, nämlich die Schildkröten (Testudines), die Krokodile (Crocodylia), die Schnabelköpfe (Rhynchocephalia)… und die Schuppenkriechtiere (Squamata), die sich in zwei Unterordnungen gliedern: die Echsen (Sauria…) und die Schlangen (Serpentes…)." (Parker & Bellairs, „Die Amphibien und die Reptilien", Editions Rencontre, Lausanne, 1972, S. 135)

Der Auszug aus dem Originaltextbeispiel ist zwar stilistisch und inhaltlich stimmig, jedoch sehr kompakt und kann wie folgt veranschaulicht werden (hier noch durch weitere Textinformationen ergänzt):

Klasse	**Reptilien**					
Unterklasse	Anapsida (urtümlicher Schädelbauplan)	Lepidosauria			Archosauria (Großreptilien)	
Ordnung	Testudines (Schildkröten)	Rhynchocephalia (Schnabelköpfe)	Squamata (Schuppenreptilien)		Crocodylia (Krokodile)	
Unterordnung	Cryptodira (Halsberger)	Pleurodira (Halswender)	Sphenodontia (Brückenechsen)	Sauria (Echsen)	Serpentes (Schlangen)	Eusuchia (Krokodile)
Arten	220		1	3.000	2.800	25

Symbolgehalte erleichtern das Lernen

Bei unseren Veranschaulichungen sollten bestimmte Symbolgehalte oder Ausdrucksphänomene in der Darstellung berücksichtigt werden.

Darstellung von Zeitverläufen

Diese sind geeignet zu Verdeutlichung von Historischen Entwicklungen in Politik, Geschichte, Biologie, Zoologie, Philosophie.

Die Zeitabfolge sollte auch graphisch anschaulich dargestellt werden. Da man mit „früher, Vergangenheit, anfangs" etc. meist links verbindet, sollte dies bei einer entsprechenden Ausführung genutzt werden. Es prägt sich wesentlich leichter ein.

oder   oben Gegenwart

unten Vergangenheit

Dazu ein Beispiel:

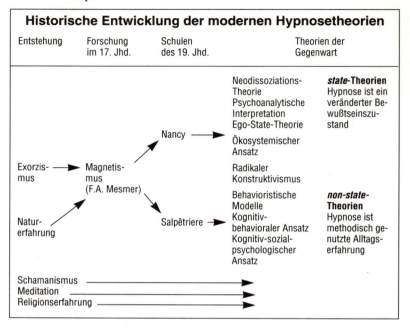

Darstellung von Einordnungen und Systematiken

In gleicher Weise lassen sich die uns immanenten Ausdrucksgehalte zur Darstellung von Systemen verwenden.

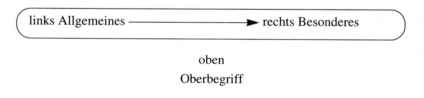

Beispiel:

Einteilung der Hypnose

Experimentelle Hypnose	Grundlagenforschung
	Testentwicklung
	Wahrnehmungserforschung
Klinische Hypnose	Medizin (Schmerz, Geburt, Operationen)
	Zahnmedizin (Schmerz, Angst, Operation)
	Psychiatrie (Angst, psychische Störungen)
	Psychologie (Psychodiagnostik, -therapie)
	Therapie (Angstbehandlung)
Forensische Hypnose	Zeugenschutz
	Zeugenbefragung (Amnesie, Emotionen)
	Glaubwürdigkeitsbegutachtung
Techniken der Hypnose	Pädagogik (Lernen)
	Sport (Leistungsverbesserung)
	Mentales Training (dito)
Showhypnose	Psychologie
	Zaubertricks (Unterhaltung?)
	Showtricks und Gruppendruck
Tierhypnose	Tricks (Verwendung von z.B. Schreckstarre)

3. Darstellungen zum Vergleich von Systemen

Hier gilt es, aus dem laufenden Text übersichtliche und sinnvolle Einteilungen oder Übersichtstabellen zu erstellen. Dabei kann man sich die oben erklärte Symbolik nutzbar machen.

Beispiel:
„Wie die Fische und die Amphibien, so nennt man die Reptilien „Kaltblüter"…..im Gegensatz zu den „warmblütigen" Vögeln und Säugetieren. … Die Reptilien gleichen den Vögeln und den Säugetieren im Gegensatz zu den Fischen und den Amphibien darin, daß bei ihnen eine in-

nere Befruchtung der Eier durch das Sperma stattfindet... " (Parker & Bellairs, 1972, S.135).

Diese Gegenüberstellungen können wir uns tabellarisch verdeutlichen.

Entwicklung der Reptilien – Vergleich mit anderen Wirbeltieren			
Amphiben	Reptilien	Vögel	Säuger
Kaltblüter	Wechselblüter		Warmblüter
äußere Befruchtung	innere Befruchtung durch das Sperma (Brückenechse hat kein Genital)*		
Laich	Eier		(monotreme Säuger)*
keine Schale	kalkhaltige Außenschale Eihüllen: Amnion, Allantois	(dito.)*	
kiementragend Kaulquappen Metamorphose	Jungtiere atmen mit Lungen, ähneln in der Gestalt den Eltern		

* Ausnahmen in Klammern

9. Ende gut, alles gut: Der positive Abschluß

Endet eine schöne Feier mit einer unangenehmen Auseinandersetzung, so wird man in seiner Erinnerung diese Feier rückwirkend als insgesamt unangenehm einstufen und erleben.

Diese psychologische Bewertung machen sich oft Pensionen und Jugendherbergen nutzbar. Der clevere Küchenchef wird am vorletzten und letzten Tag besonders attraktive Mahlzeiten servieren. Wenn man später an den Aufenthalt dort denkt, ist man geneigt, das Essen des gesamten Aufenthaltes positiver zu bewerten.

> Wenn eine Tätigkeit positiv endet, wird sie insgesamt als eher positiv erlebt.
> Eine lange Arbeitsphase (von ca. 3-4 Stunden) sollte deshalb stets mit positivem Lernerfolg enden.

Durch dieses positive Erlebnis ist man dann um so motivierter, das Lernen wieder aufzunehmen. Es wird auch als angenehmer empfunden, weiterzulernen.

Positive Abschlüsse beim Lernen sind:

1. Bewußt feststellen, wie **viel** Sie bereits geschafft haben.

    Beachten Sie demnach weniger die unbearbeitete Menge, die ja eigentlich scheinbar immer die größere ist.

2. Vergleichen Sie, was Sie am Anfang der Lernphase des Halbtages konnten (nicht konnten) – und was Sie nun bereits beherrschen.

3. Legen Sie Karteikarten an, die festhalten, was Sie können wie z.B.:

– Vokabelkartei (kommt noch in diesem Buch);

– Literaturkartei;

– Definitionskartei;

An der zunehmenden Menge ersehen Sie dann Ihren Lernzuwachs.

10. Vorbereitung der nächsten Lerneinheit

Am Ende eines Halbtages sollten Sie möglichst die Inhalte und Arbeitsprozesse für die nach der Pause folgende Lernphase grob vorplanen.

> Vor der Mittagspause oder am Abend wird nachgesehen, was in der nächsten Lernphase gefordert sein wird. Entsprechend wissen Sie dann schon, welche Bücher, Texte, Materialien benötigt werden.

Wünschenswert ist es, wenn Sie diese Materialien gleich sichten und bereitstellen. Das sieht im ersten Augenblick vielleicht zwanghaft und bürokratisch aus.

Die Vorbereitung der Lerneinheit hat folgende Vorteile:

1. Man ist von der vorangegangenen Lernphase noch warmgelaufen und hat den Überblick. Man wird also schneller wissen, was bald zu erledigen sein wird.
2. Auch wenn man vom Lernen abgespannt und müde ist, kann man diese Tätigkeit ohne viel Energieaufwand noch bewältigen, denn es kommt hier mehr auf motorische Sortier- und Sichtungsarbeiten an.
3. Durch die Sichtung ist festzustellen, ob alle erforderlichen Materialien vorhanden sind. Falls nicht, kann die Zwischenzeit dazu genutzt werden, Ergänzungen vorzunehmen: das Buch aus der Bibliothek leihen, den Artikel fotokopieren, den verliehenen Artikel abholen, Karteikarten kaufen etc.
4. Es wird bereits eine positive Erwartung und Arbeitsmotivation für die nächste Lernphase geschaffen.
5. Das lästige Anfangen wird später erleichtert.
6. Die Warmlaufphase der nächsten Arbeitseinheit ist dadurch vorbereitet und erleichtert.
7. Vermeidungsverhalten, das Anfangen hinauszuzögern, wird verringert.

11. SQ3R: die Wunderformel des Herrn Robinson

Erinnern Sie sich an Ihren letzen Roman? Wahrscheinlich haben Sie ihn mit Interesse gelesen und können jetzt noch wesentliche Inhalte klar gegliedert berichten.

Einen Roman beginnt man nun mal vorne und wird bald neugieriger und liest immer weiter bis man am Ende angelangt ist.

Der Romanautor macht es einem da auch recht leicht (meistens): Anhand einer mehr oder weniger gerechten, aufmüpfigen, schicksalsgebeutelten oder neurotischen Person werden Gedanken und Erlebniswelten geschildert, die zeitlich nacheinander ablaufen und somit einigermaßen logisch sind. Die Charaktere bleiben dabei weitgehend konstant (wenn sie nicht gerade dem plötzlichen Wahnsinn verfallen), und wir können mit ihnen mitdenken und mitfühlen. Ein guter Romanautor entwirft komplexe Bilder von Landschaften, Situationen, Zeitgeschehnissen, Erlebniswelten, die für uns immer plastischer werden: wir leben und fühlen schließlich mit den Romanpersonen. Sie haben Einzug gehalten in unsere Leseecke. (Rotkäppchen hat für kleinere Kinder tatsächlich Realcharakter!)

Fachbücher dagegen (auch Abhandlungen in Zeitschriften) greifen nicht auf solche eingängigen Mittel zurück, sondern entwickeln die Darstellungen anhand von Sachlogik.

> Obwohl in Fachartikeln andere Inhalte als in Romanen vermittelt werden, lesen viele Studierende und Schüler diese Artikel wie Romane: von vorn bis zum Ende (obwohl es keinen Höhepunkt gibt).

Der Lernforscher Robinson stellte mit seinen Untersuchungen fest:
- Mit der Romanlesemethode erarbeitete Sach- und Fachlichteratur wird inhaltlich nur zur Hälfte aufgenommen und behalten.
- Die Qualität der Wiedergabe liegt bei der Befragung ebenfalls nur auf halbem Niveau.
- Auch das nochmalige Durchlesen nach der überlieferten Lesemethode (vorn bis hinten) erbringt kaum Verbesserungen.

Als Folgerung ergibt sich daraus:
- Fach und Sachliteratur muß mit besonders dafür entwickelten Lesetechniken erarbeitet werden.
- Durch besondere Lesetechniken wird die Arbeitseffektivität erhöht.

Herr Robinson hat dann aus diesen Untersuchungsbefunden eine praktische Konsequenz gezogen und bereits 1961 speziell zur Bearbeitung von Fach- und Sachliteratur eine besondere Methode entwickelt, die sich kompliziert anhört, jedoch sehr einfach anzuwenden ist.:

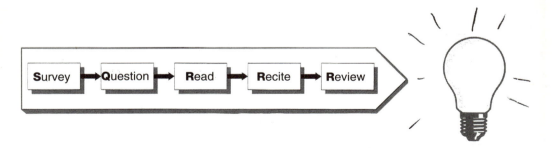

Die S Q 3 R – Methode
1. Survey   → Erforschen, Überblick gewinnen.
2. Question → Fragen stellen.
3. Read   → Lesen des Textes.
4. Recite   → Zusammenfassen der wichtigsten Inhalte.
5. Review   → Nacherzählen, Wiederholen des gesamten Textes.

Anfangs mag die Methode kompliziert erscheinen – ist sie jedoch nicht. Es sind sehr einfache Vorgehensweisen, die sich bei allen Texten sofort ohne Vorbereitung anwenden lassen.

1. Survey → Erforschen, Überblick gewinnen

Nähern Sie sich anfangs dem Text, indem Sie noch gar nicht mit dem Lesen des fortlaufenden Textes beginnen. (Das hört sich schon mal gut an!) Sie sollten erst grob erforschen, was auf Sie zukommen wird:

- Lesen Sie den Titel des Buches (Artikels, Beitrags etc.).
- Lesen Sie bei Büchern den Text auf der Umschlagklappe und der Rückseite.
- Lesen Sie bei Fachartikeln den Namen der Fachzeitschrift (und den Jahrgang), die Überschrift, die Autorennamen, die eventuell dazugehörenden Fußnoten.
- Lesen Sie nun die Überschriften der Hauptkapitel im Inhaltsverzeichnis – bei einem Artikel entsprechend nur die Hauptüberschriften.
- Schauen Sie sich dann Abbildungen und Tabellen an.
- Ist Ihnen der Autor bekannt? Was wissen Sie bereits über ihn?
- Lesen Sie das Vorwort des Buches bzw. die Zusammenfassung des Artikels.

Auf diese Weise verschaffen Sie sich im wahrsten Sinne des Wortes einen fundierten Überblick.

Wenn Sie bereits im Text eines Kapitels (oder eines Artikels) sind, gehen Sie wie folgt vor:

- Überschrift lesen;
- Unterüberschriften lesen;
- Abbildungen und Tabellen ansehen und deren Über- bzw. Unterschriften lesen;
- Texthervorhebungen überfliegen.

Durch diesen ersten Schritt erhalten Sie einen Grobüberblick über das, was auf Sie zukommen wird. So haben Sie bereits den Aufbau erkannt, also das Gerüst des Textes und der darin enthaltenen Aussagen.

Das weitere Lesen wird also nicht mehr auf einen leeren Speicher mühevoll kodiert. Durch diese S-Phase wird ein grobes Einordnungskonzept geschaffen, nach dem wir dann schon gezielter zuordnen, behalten und abspeichern können. Das erleichtert Aufnahme und Verarbeitung der Inhalte. (Die Diskette ist quasi vorformatiert für die Inhalte.)

Da Sie nun nicht mehr „in den blauen Dunst hinein" lesen, fallen Ihnen danach Orientierungen leichter. In dieser Phase werden allgemein Vorinformationen gegeben, die Neugier bzw. Erwartungen schaffen und so deutlich die Aufnahmebereitschaft begünstigen.

Übrigens dauert diese Phase nur wenige Minuten und ist ungeheuer zeitsparend.

2. Question → Fragen stellen

Sie sollen sich immer noch bremsen und bitte noch nicht Ihren Artikel weiterlesen. (Das ist fast so spannend wie Weihnachten.)

> Stellen Sie sich nun folgende Fragen:
> – Was weiß ich bereits zu dem Stoff?
> – Welche Kapitel oder Überschriften werden genannt?
> – Welche unbekannten Fremdwörter oder Fachbegriffe tauchen auf (so weit sie jetzt schon festzustellen sind)? Schlagen Sie diese Begriffe im entsprechenden Buch nach.
> – Zu welchem Bereich gehört das Thema?
> – Was stelle ich mir unter dem Thema vor?
> – Welchen Bezug hat dieses Kapitel zu den vorhergehenden?
> – Gibt es Querverbindungen zu bereits früher Gelerntem?

Durch diese Fragen bereiten Sie sich weiter auf den Text vor. Sie werden dadurch den Text nicht passiv aufnehmen, sondern aktiv daran interessiert sein. Das bewirkt besseres Behalten. (Als Zeuge eines Geschehens kann man mehr davon berichten, als wenn man darüber – passiv – in der Zeitung liest.)

Weiter werden Sie schneller die vorgegebenen Strukturen des Textes erkennen und wesentliche von unwesentlichen Informationen unterscheiden können.

Darüber hinaus lernen Sie, Sachfragen zu formulieren – und darauf auch angemessener antworten zu können.

Anfangs mag die Fragerei mühevoll erscheinen. Mit zunehmender Übung wird sie dann ein fester Bestandteil Ihres Vorgehens werden.

3. R1 Read → Lesen des Textes

Nun sind Sie gut vorbereitet, haben sich warmgedacht und zielgerichtet neugierig gemacht.

Jetzt dürfen Sie lesen – aber nur nach bestimmten Regeln!

> Lesen Sie langsam.
>
> Da Fachbücher selten einen Spannungsbogen haben, müssen Sie die vorgegebene Struktur erkennen und nachvollziehen.
>
> Fachausdrücke und Fremdwörter spätestens jetzt nachschlagen und im Kontext klären.
>
> Beachten sie die Gliederungshierarchien und ordnen Sie danach ein, was Haupt- und Unterpunkte sind.

Beachten Sie *Hervorhebungen*

Heben Sie *prägnante* (wichtige) *Begriffe* oder Aussagen durch Kennzeichnungen hervor wie Unterstreichungen oder Striche am Rand. Später brauchen Sie nur noch diese Textpassagen zu lesen und wissen dann schnell wieder, was im Gesamttext steht. Also sollten Sie für diese Zwecke *sinnvolle Hervorhebungen* vornehmen.

– Beachten Sie die vorhandenen Hervorhebungen wie **Fett-** oder *Kursivdruck*, Einrückungen, Einrahmungen, Farbunterlegungen.

– Finden Sie die Hauptaussage(n) der einzelnen Abschnitte bzw. Gliederungspunkte.

– Finden Sie die Ordnungsprinzipien des Autors.

Falls ein Autor im laufenden Text Gliederungen vornimmt, dann kennzeichnen Sie diese mit Bleistift durch z.B. Numerierungen.

– Beachten Sie sprachliche Hervorhebungen wie z.B:

anfangs … letztlich;

besonders, äußerst, mindestens, höchstens;

kritisch ist zu bemerken…;

abschließend, zusammenfassend;

im Gegensatz zu;

Randbereich, Grenzbereich von;

wie oben erwähnt (s.o.);

später dargestellt (s.u.).

> Definitionen bitte besonders kennzeichnen durch <u>Unterstreichung</u> oder – noch besser – am Rande „Def." notieren.

All diese Hinweise sind anfangs scheinbar verwirrend. Mit der Zeit werden Sie derartige Worthinweise und Kernideen immer schneller finden. Durch prägnante Hervorhebungen können Sie sich später schnell zurechtfinden.

Heben Sie wirklich nur Wesentliches hervor.

Das bleibt dann auch wesentlich besser haften.

> Nun machen Sie bitte eine kleine Pause von mindestens 3 Minuten, in der Sie genug Zeit haben, alles bislang Gelesene angemessen abzuspeichern.
>
> Beachten Sie die Kraft der Pause!

4. R2 Recite → Zusammenfassen der wichtigsten Inhalte

Nun haben Sie einen Abschnitt (ein Kapitel, einen Gliederungspunkt) sorgfältig gelesen. Sie sind also in der Lage, dessen wesentliche Inhalte ohne das Buch wiederzugeben.

> Gehen Sie nun wie folgt vor:
> Schreiben Sie die wichtigsten Begriffe, Stichworte und Kerngedanken kurz auf.
> Gebrauchen Sie dabei Ihre eigenen Formulierungen. Nachgeplapperte Sätze versagen im Ernstfall.
> Eigene Formulierungen zeigen, daß man es verstanden hat.

Schriftliche Kurznotizen sind sehr wichtig:

– Das schriftliche Festhalten ist zwar lästig, zwingt jedoch zu einer genauen Festlegung. (Schummeln und oberflächliches „Antworten" wird dadurch ausgeschlossen. „Frommer" Selbstbetrug wird also aufgedeckt.)
– Diese Notizen können Sie später weiterverwenden, z.B. für Wiederholungen, Querverweise, Sammlungen, wenn das Buch nur ausgeliehen war und dann für längere Zeit nicht mehr greifbar ist.
– Beantworten Sie die unter Q gestellten Fragen und ergänzen Sie diese.
– Erstellen Sie eigenständig Tabellen, Gliederungen, Schemata, Übersichten, Listen, die die komplizierten Inhalte veranschaulichen. (Greifen Sie also auf Ihr Wissen aus den vorhergehenden Kapiteln dieses Buches zurück und benutzen Sie danach unterschiedliche Sinneskanäle zur Aufnahme.)

Auf diese Weise haben Sie nun eine gute Sammlung von wesentlichen Inhalten und Zusammenfassungen. Speichern Sie diese Notizen gut in Ihren diversen Aktenordnern oder Karteisystemen. Bei späterer Weiterverarbeitung, z.B. für die Examensarbeit oder die Prüfungsvorbereitungen, können Sie dann auf eine gute Fachsammlung zurückgreifen.

Der Zeitaufwand ist anfangs nicht gerade gering. Aber bei entsprechender späterer Weiterverwertung können Sie gezielter und zeitökonomischer arbeiten. Also haben Sie letztendlich Zeit eingespart. Später werden Sie diese Methode schnell und ohne viel Aufwand „automatisch" richtig anwenden.

5. R3 Review → Nacherzählen, Wiederholen des gesamten Textes

Jetzt kommt der krönende letzte Schritt, der letztlich nur die logischen Konsequenz ist.

Nachdem alle vier Arbeitsschritte folgerichtig durchlaufen sind, wird nun eine Zusammenschau vorgenommen:

> Bereiten Sie sich auf die mündliche Darstellung vor, indem Sie die Überschriften, Gliederungspunkte, Hervorhebungen und Ihre Notizen nochmals (zügig) durchgehen.
>
> Stellen Sie nun mündlich die wesentlichen Aussagen des Textes dar.

Erweiterungen:

Falls bereits möglich, ziehen Sie Vergleiche und stellen Sie Querverbindungen zu den einzelnen Aussagen, zu vorhergehenden Kapiteln oder zu anderen Beiträgen her.

Abschließende Bemerkungen

Anfangs werden Sie bestimmt glauben, daß diese SQ3R-Methode lästig ist. Mit der Zeit werden Sie jedoch feststellen, daß Herr Robinson eine genial einfache Arbeitstechnik entwickelte.

Vertrauen Sie auf die Methode!

Anwendungsbereiche sind z.B.:

– Fach- und Sachbücher;

– Wissenschaftsartikel in Fachzeitschriften;

– Zeitungsberichte und -Kommentare;

– Schulbücher.

> Was anfangs kompliziert erschien, werden Sie sehr schnell als äußerst hilfreich und effektiv bewerten.

Bleiben Sie also konsequent!

Übung

Erarbeiten Sie sich den nachfolgenden Text nach der SQ3R-Methode:

Historische Entwicklung der Hypnose

Frühe Form

Franz Anton Mesmer (1735-1815) ist der Begründer der modernen Hypnose. Er studierte Theologie und schrieb seine Doktorarbeit der Medizin über den Einfluß der Gestirne auf den Menschen. Er war der Ansicht, daß eine magnetische Lebensenergie (animalischer Magnetismus) Einfluß auf den Menschen nehmen kann. Unter Annahme der Wirkung dieser Kräfte führte er zahlreiche und spektakuläre Heilungen durch. Letztlich wurde von ihm Wasser magnetisiert. Kam man mit dessen Magnetstrahlen in Berührung, erlebte man starke seelische und körperliche Veränderungen. Da die breite Masse bei dem großen Andrang nach Therapie durch Mesmer nicht individuell behandelt werden konnte, magnetisierte er Bäume. Berührte das Volk die davon herabhängenden Seile, spürte es in relativ kurzer Zeit deutlich Besserung, ja sogar Heilung zahlreicher Krankheiten.

Erste wissenschaftliche Untersuchungen

Später, im 19. Jahrhundert, wurde bewiesen, daß physikalische Kräfte wie Magnetismus keine Einwirkung auf das Verhalten der Menschen haben, daß also „bloß die Einbildung" die Veränderungen bewirkt hat. Erste Ansätze wurden hier deutlich, die Auswirkungen dieser Interventionen nicht auf bestimmte Kräfte des Hypnotiseurs zurückzuführen. Psychologische Kausalfaktoren wurden langsam angenommen.

Der schottische Arzt James Braid (1795-1860) führte erstmalig Experimente zum Magnetisieren durch und fand, daß verschiedene Faktoren wirksam sind: Augenfixation eines Punktes und Wortformulierungen des Therapeuten. Da es sich äußerlich um ein dem Schlaf ähnliches Verhalten handelte, benannte er den Vorgang nach dem griechischen Gott des Schlafes (Hypnos), also Hypnose.

Irrwege – und Begründung der Psychotherapie

Sigmund Freud (1856-1939) verwandte als junger Arzt Hypnose ausschließlich zur Symptomveränderung bei z.B. hysterischen Lähmungen. Dadurch kam er zu der wesentlichen Erkenntnis, daß körperliche Symptome psychische (= seelische) Ursachen haben können. Diese revolutionäre Erkenntnis führte zur Begründung der Psychotherapie. Hypnose also als Wegbereiter einer vollkommen neuen Wissenschaft, die ein neues Weltbild erforderte. Leider führten diese Erkenntnisse gleichzeitig zu Freuds Ablehnung der Hypnose. Da er nach seinen eigenen Aussagen ein schlechter Hypnotiseur war, erreichte er damit nicht immer gute Ergebnisse. Dem bis dahin allein bekannten Ansatz der Symptomorientierung folgend, hatte er Hypnose ausschließlich zur Symptombehebung eingesetzt. Daraus leitete er dann als Zirkelschluß ab, daß man mit Hypnose nur Symptome beheben könne; letztendlich könne man die Ursachen seelischer Störungen damit nicht behandeln. Dieser Denkfehler wurde von der autoritätsgläubigen und in Hypnose wenig bewanderten Nachwelt übernommen. Ein großer Teil der Fachwelt ist immer noch so stark beeinflußt, daß diese falsche Kritik Freuds unreflektiert bis heute übernommen wird.

Entwicklung zu einer modernen und seriösen Wissenschaft

In Amerika und in Europa (aber auch rund um den Globus) entstanden ab Mitte dieses Jahrhunderts immer mehr Forschungslaboratorien, die sich mit der Erklärung, Untersuchung und Wirkung der Hypnose beschäftigten. Die aus diesen wissenschaftlichen Studien gewonnenen Ergebnisse zeigen, daß durch Hypnose wesentliche Grundfunktionen des menschlichen Verhaltens und Erlebens beeinflußt werden können, z. B.:

– Willkürmotorik (Entspannung, Steifigkeit, Unbeweglichkeit);
– Nervensystem (Herz-Kreislauf-Funktionen, Thermoregulation, Hirnaktivitäten);
– Wahrnehmungsverarbeitung (Verzerrungen, Sehen, Geruch, Schmerzen);
– Gedächtnis und Zeit (Erleben von sehr frühen Ereignissen, Zeitverzerrung, Gedächtnisverlust);
– Selbsterzeugung dieser Phänomene = Selbsthypnose.

Wesentlich ist, daß Hypnose eine Art Kommunikation darstellt. Wenn positive Beziehungen (Vertrauensverhältnis, Geborgenheit) vorliegen, dann ist die Person bereit, sich hypnotisieren zu lassen und in dieser Erlebensform den Suggestionen des Therapeuten zu folgen.

Anwendungsbereiche

Die Anwendungsmöglichkeiten der Hypnose sind sehr breit gestreut. Auf der einen Seite ist da die Experimentelle Hypnose. In umfassenden experimentellen Untersuchungen werden die psychologischen und medizinischen Faktoren der Hypnose untersucht. Auf der anderen Seite findet Klinische Hypnose Anwendung in der Medizin, Zahnmedizin, Psychologie und Psychiatrie. Sie wird aber auch in der Gerichts- und Sportpsychologie angewandt.

Die oft bestaunten Künstler der Showhypnose arbeiten fast ausschließlich mit Zaubertricks und sozialpsychologischen Phänomenen, nur zum sehr geringen Anteil mit Hypnose.

Auch die Tierhypnose ist keine echte Hypnose, sondern eine tricktechnisch gut genutzte Schreckstarre der Tiere.

Grenzen, Gefahren

Wie jede Methode hat auch Hypnose ihre Grenzen. Diese sind vor allem in den diagnostischen und therapeutischen Fähigkeiten des Anwenders, also des Hypnotiseurs, besser Therapeuten, begründet.

Hypnose ist keine eigenständige Behandlungsform, sondern eine erforschte seriöse Methode, bestehende Behandlungsformen dadurch zu ermöglichen und vor allem zu intensivieren.

Deshalb sollte sie nur von Fachleuten (Psychologen, Ärzten, Zahnärzten) angewandt werden, die darin eine Spezialausbildung erhielten. Von Laien, insbesondere Showhypnotiseuren, angewandte Hypnose kann deutliche, sogar gefährliche Nebenwirkungen haben.

Falls sich jemand einer entsprechenden Behandlung unterziehen möchte, sollte er sich über die Fachqualifikation des Therapeuten eingehend informieren.

Hypnos

Zu Ihrer Bequemlichkeit sind die wichtigsten Stichworte zur SQ3R-Methode nochmals im Anhang C zusammengefaßt. Wenn Sie damit üben, dann haben Sie diese Stichworte schneller greifbar.

12. Ähnlichkeitshemmung

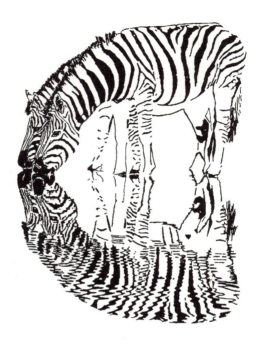

Lange Zeit konnte ich den Namen einer wirklich netten Freundin meiner Frau nicht behalten. Das war mir immer wieder peinlich, wenn ich sie ansprechen wollte. Nach einiger Zeit erkannte ich, daß ich bereits eine andere Person mit diesem Namen kannte. Also war in meinem Speicher dieser Name bereits besetzt und ließ eine Neudefinition bzw. einen Parallelgebrauch nicht zu. Nach dieser Erkenntnis habe ich mir deutlich die Unterschiedlichkeiten beider Personen vor Augen geführt und konnte danach beide auseinanderhalten.

> Sind Lernelemente einander zu ähnlich, so hemmen sie sich gegenseitig beim Lernen = **Ähnlichkeitshemmung**.
>
> Diesem psychologische Lernfaktor sollten wir unbedingt Rechnung tragen:
>
> Lernen Sie Vokabeln verschiedener Fremdsprachen stets zeitlich deutlich getrennt.
>
> Lernen Sie sehr ähnliche Inhalte stets zeitlich deutlich getrennt

Durch die *zeitlich und inhaltlich getrennte Lerntätigkeit* werden Sie unterschiedliche Abspeicherungen vornehmen und diese dann verwechslungssicher abrufen können. Das muß so sein, da sowohl das Lernen als auch Erinnern sonst erheblich beeinträchtigt wird.

Beispiel:
Kennen Sie den Unterschied zwischen folgenden Vokabeln?
Decken Sie die rechte Seite mit einem Papier zu, und denken Sie nach!

selfconfident	selbstbewußt
selfconscious	befangen (philosophisch: bewußt)
self-confidence	Selbstvertrauen, Selbstsicherheit
1. self-consciousness	Selbstbewußtsein, Selbstvertrauen
2. self-consciousness	Befangenheit

Das braucht einige Zeit und kann sogar den Fachmann zur Verzweiflung bringen.
Kennen Sie „Teekesselchenraten"?
Das veranschaulicht unser Problem: Viele ähnlich klingende oder sogar identisch geschriebene Worte oder Bedeutungen können Verwirrung stiften:
– Bauer (Landwirt / Vogelkäfig)
– Band (das Band = Leine / der Band = Bucheinheit)
– Stoff (Gewebe, z.B. Damaststoff / geistiger Inhalt, z.B Lernstoff / Materie, z.B. Brennstoff / übertragener Sinn für z.B. Alkohol oder Drogen).

Was ist nun zu tun, um diese Verwirrmöglichkeit zu verhindern?
Sie sollten die Inhalte – wie oben erwähnt – zeitlich und inhaltlich getrennt erlernen und abspeichern.

> Wenn Sie die ähnlichen Begriffe gut beherrschen, dann sollten Sie die Unterschiedlichkeiten herausarbeiten und sich diese präzise (mit Worten oder Bildern) verdeutlichen.

13. Die differenzierte Vokabelkartei

Wenn Sie Vokabeln lernen, so sollten Sie diese regelmäßig wiederholen, da sie sonst in Ihrem aktiven und passiven Wortschatz langsam aber sicher verlorengehen.

Bitte tun Sie sich den Gefallen und gehen Sie bloß nicht alphabetisch im Wörterbuch vor, um Vokabeln zu lernen oder zu wiederholen. Unser Wissen ist keinesfalls alphabetisch gespeichert.

Es ist auch ungeeignet, stur nach früheren Lektionen von Seite x bis Seite xx zu wiederholen. Die Vokabeln werden dann zu stark an einen bestimmten inhaltlichen Kontext gebunden. Ohne diesen Kontext würde die einzelne Vokabel bedeutungslos werden und uns nicht mehr einfallen.

Dieses lektionsweise oder seitenweise Vorgehen bedeutet auch, daß alle Vokabeln gleich behandelt würden, ungeachtet ihrer für uns individuellen Schwierigkeiten.

Aus diesem Grunde arbeiten Sie möglichst mit der hier vorgeschlagenen Wiederholungsform, die über Karteikärtchen vorgenommen wird.

Erstellen Sie eine differenzierte Vokabelkartei:

1. Jeder neue Begriff wird auf eine kleine Karteikarte (circa 7 x 10 cm) geschrieben. Auf der einen Seite ist die Fremdsprache, auf der Rückseite des Kärtchens der deutsche Begriff (Definition, Erklärung).
2. Je nach Schwierigkeit werden diese Karten nun in fünf unterschiedliche Pakete eingeteilt.
3. Fertigen (oder kaufen) Sie nun einen Karteikasten mit fünf unterschiedlich großen Fächern.
4. Die schwierigsten Karten kommen in das kleinste Fach, die leichtesten in das größte usw. Auf diese Weise haben Sie nun fünf unterschiedlich schwierige Karteipakete aufbewahrt.

Arbeiten Sie mit dieser Kartei ganz einfach so:

1. Täglich werden 10 Vokabeln wiederholt: aus jedem Fach werden zwei Karten vom Anfang des Stapels gezogen und abgefragt.
2. Wird die Vokabel gut beherrscht, so wandert sie nach hinten in das nächstgrößere Fach. Die schlecht gekonnte wandert ins nächste schmalere Fach. Mittelprächtig gekonnte bleiben im gleichen Fach, werden jedoch wieder ans Ende des Stapels einsortiert.

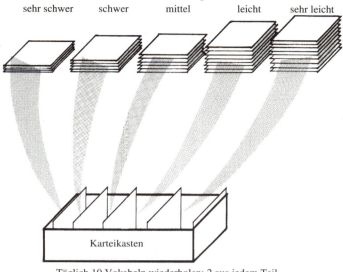

Die differenzierte Vokabelkartei
Vokabelkasten nach Schwierigkeit sortieren
sehr schwer schwer mittel leicht sehr leicht

Karteikasten

Täglich 10 Vokabeln wiederholen: 2 aus jedem Teil

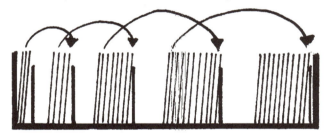

Gut gekonnte Vokabeln wandern ins nächstgrößere Fach

Schlecht gekonnte Vokabeln wandern ins nächstkleinere Fach

Durch diese differenzierte Wiederholung ist sichergestellt, daß die „schlechten" Vokabeln, die es nötiger haben, häufiger wiederholt werden.

Wenn Sie dieses Prinzip anwenden und stets mit den neuen Vokabeln auffüllen, dann haben Sie Ihren kompletten Wortschatz sicher im Griff.

Fast alle Schüler mit Fremdsprachenproblemen, die meinem Rat folgend dieses System konsequent benutzten, verbesserten sich in diesem Fach im Schnitt um eine Note. Auch wenn die Grammatik nicht so gut sitzt, kann man durch viel Vokabelwissen schwierige Grammatikhürden umgehen.

Es kann vorkommen, daß ein Schüler für diese Lernmethode die Vokabeln der letzten beiden Schuljahre auf Karteikarten schreiben muß. Das ist zwar aufwendig, macht sich jedoch erstaunlich schnell bezahlt.

> Wiederholen Sie täglich konsequent 10 Vokabeln konzentriert.
> Das ist ein Aufwand von maximal 5-10 Minuten.

Bei diesem geringen Arbeitseinsatz haben sie in einem Vierteljahr ca. 1.000 (in Worten: *tausend*) Begriffe präsent. Das entspricht ungefähr dem Wortschatz, mit dem man sich in einer einfachen Alltagssprache unterhalten kann – und übersteigt bereits das Sprachniveau manches Fernsehshowmasters.

Es gibt zwar Computerlernprogramme, aber selten arbeiten sie nach diesem wichtigen selektiven Wiederholungsprinzip. Die Arbeit mit dem Computer kann hier sogar ablenkend sein.

Der Vorteil der Karteikärtchen besteht darin, daß man sie überall anfertigen und benutzen kann, also auch in Freistunden – unabhängig von aller Technik und Maschinerie.

14. Das mechanische Lernen ist gar nicht so mechanisch!

Als *mechanisches Lernen* bezeichnet man das Lernen, das sich nicht nach einer logischen Struktur oder durch Einsicht erwerben oder ableiten läßt; das trifft zu auf: Vokabeln einer Fremdsprache, teilweise auf Fachbegriffe, medizinische Bezeichnungen, z.B. in der Anatomie, lateinische Namen bei Zuordnungen in der Zoologie oder Biologie etc.

Da es hier also keine vorgegebene Struktur gibt, die das Lernen etwas erleichtern könnte, muß man auf verschiedene Lerntechniken zurückgreifen, die hilfreich sind:

1. Verteiltes Lernen:

   Lernen Sie Vokabeln u.ä. stets mit Pausen, also zeitlich verteilt. (Lernen Sie sie nie immer stumpfsinnig hintereinander.)

2. Optimale Lernportionen:

   Unterteilen Sie die Gesamtmenge der Vokabeln in Untermengen von circa 7 Einheiten. Sie lernen diese dann leichter.

3. Achten Sie auf Positionseffekte:

   Nutzen Sie den Vorteil, daß Anfang und Ende einer Reihe leichter behalten werden.

4. Flexibilität:

   Lernen Sie die Begriffe stets in anderer Reihenfolge, damit sie flexibel bereitgestellt werden. Dadurch wird der Positionseffekt mehrfach genutzt.

5. Ähnlichkeitshemmung:

   Lernen Sie ähnliche Begriffe anfangs stets deutlich voneinander getrennt.

6. Verschiedene Eingangskanäle nutzen:

   Lernen Sie die Vokabeln durch Lesen, Sprechen und Schreiben. Sprechen Sie sie auf eine Kassette, und hören Sie sie zusätzlich.

7. Wiederholen Sie regelmäßig:

   Stabilisieren Sie Ihren Wortschatz durch regelmäßiges Wiederholen in kleinen Portionen.

8. Differenzierte Vokabelkartei:

   Benutzen Sie eine spezielle Karteierstellung zum Wiederholen.

15. Zettelmethode, die Zweite: Von der richtigen Reihenfolge

Nun sind Ihnen zahlreiche der wichtigsten Lernmethoden bekannt, und Sie haben damit ausreichend Erfahrung sammeln können.

Es ist nun an der Zeit, alle Methoden sinnvoll zu integrieren und gleichzeitig anwenden zu können.

Benutzen Sie die gewohnte Zettelmethode (vgl. Kap. 2), und berücksichtigen Sie dabei die unterschiedlichen Möglichkeiten, die Reihenfolge der einzelnen Lerneinheiten zu planen.

Stellen Sie die Reihenfolge der einzelnen Tätigkeiten nach den inzwischen bekannten Gesichtspunkten zusammen:

Anwärmphase

Mit leichtem Lernstoff beginnen,

Abwechslung

Unterschiedliche Inhalte und Tätigkeiten abwechseln lassen.

Aufnahmekanäle

Unterschiedliche Aufnahmekanäle nutzen und abwechseln.

Verteiltes Lernen

Sind mehrere Wiederholungen erforderlich, zeitlich verteilen.

Lernportionen

Den Umfang möglichst in sinnvolle (7) Pakete aufteilen.

Ähnlichkeitshemmung

Ähnliche Lernstoffe zeitlich getrennt lernen.

Pausen

Je nach Lernmethode die richtigen Pausen sofort einplanen.

Erfolg

Das Lernen mit einem positiven Ereignis/Erfolg beenden.

Vorplanen

Ab Ende der Arbeit nächste Einheit grob vorsichten.

Selbstverstärkung

Eigenlob und Selbstverstärkung mit einplanen.

Diese Einteilungsmethodik und Bestimmung der Reihenfolge der einzelnen Schritte sieht anfangs zwanghaft und bürokratisch aus. Mit der Zeit werden Sie jedoch merken, wie hilfreich diese Art der Einteilung ist, die nur wenige Minuten in Anspruch nimmt. Gleichzeitig wissen Sie nach der Pause sofort wieder, wo es weitergeht. Vermeidungsverhalten wird somit ebenfalls reduziert.

Ein guter Manager geht ähnlich strukturiert vor, eventuell noch gewissenhafter. Er verwendet teure Terminkalender und verfügt über einen Stab von Mitarbeitern, die ihm bei der Planung behilflich sind. Aber auch Manager lernen in Spezialkursen, wie sie ihren täglichen Stoff sinnvoll einplanen.

Da wir uns im Moment das Hilfspersonal noch nicht leisten können, benutzen wir eben die preiswerte Version und verwenden die Planungszettel.

> Zu Ihrer Bequemlichkeit sind die wichtigsten Stichworte zu den Lern- und Arbeitstechniken in Anhang C nochmals zusammengefaßt.
>
> Bitte überprüfen Sie die Beherrschung der Lern- und Arbeitstechniken mit der **Checkliste zur Lernkontrolle** in Anhang A.

16. Vortrag: Langeweile oder aktives Mitarbeiten?

Wenn alles schläft und einer spricht:
Das nennt man Unterricht.

So manche Stunde Schulschlaf wurde auf dem Hintergrund dieses Spruches genossen. Sicherlich gibt es Referenten und Lehrer unterschiedlichen Temperaments; einige wissen anschaulich und sogar fesselnd zu berichten, was je nach Art des zu vermittelnden Stoffes eine Kunst ist.

Dennoch kann man bei einer langweiligen Darstellung die Verantwortung für die Wissensaufnahme nicht auf den Lehrer oder Dozenten abschieben. Es liegt an uns selbst, das Stoffangebot aufzunehmen – schließlich sind wir darauf angewiesen. Da wir den Referenten wahrscheinlich nicht ändern können, müssen wir Methoden benutzen, den Stoff für uns erträglicher oder sogar interessant zu machen.

> Reines Zuhören ermüdet leicht.
> Aktives Zuhören und dabei Mitschreiben weckt das Sachinteresse.

Als Referent und Gast bei zahlreichen Tagungen, Kongressen, Sitzungen habe ich es mir angewöhnt, bei wichtigen Themen mitzuschreiben. Andernfalls wüßte ich später nur sehr wenig davon wieder- und weiterzugeben. Die Mitschrift hält selbst bei Ermüdungen und faden Referenten wach. Sie erfordert, daß man mitdenkt und die Gedanken des Referenten nachvollzieht.

Bereits beim Mitschreiben erkennt man die wesentlichsten Strukturen, Untergliederungen. Entsprechend ist die Mitschrift ebenfalls in Unterpunkte aufgeteilt.

Da man nicht alles mitschreiben kann, muß man sich auf wesentliche Teile beschränken:

- natürlich Name des Referenten, Thema, Datum und Ort;
- *Hauptgliederungen*; sie lassen besser die Gesamtstruktur und den Verlauf erkennen;
- *Definitionen;* sie bringen Klärung und geben Auskunft über wesentliche Aspekte des Themas;
- *Vergleiche*; sie lassen eine Einordnung und Abgrenzung besser erkennen;
- *Tabellen, Diagramme*; sie sollten in den wesentlichsten Aspekten notiert werden, da sie anschauliche Belege für etwas darstellen;

- *Abgrenzungen*; sie machen das Thema faßbarer, genauer, zeigen Randbereiche auf;
- *Literaturangaben*; sie sind wichtige Hilfen als Beleg und Hinweise zur Vertiefung des Themas;
- *Schlußzusammenfassung*; meist wird vom Referenten am Schluß eine Zusammenfassung gegeben, die die wesentlichen Inhalte und Aussagen enthält.

Oft ist zu einem späteren Zeitpunkt eine intensive Weitervertiefung für z.B. Prüfungsvorbereitungen oder schriftliche Ausarbeitungen erforderlich. In solchen Fällen hängt es von der Qualität Ihrer Aufzeichnungen ab, ob sie nach einiger Zeit noch brauchbar sind. Meist weiß man dann die notierten Zusammenhänge gar nicht mehr so richtig.

> Es ist zu empfehlen, Kurzmitschriften von Referaten etc. möglichst bald danach auszuarbeiten und daraus einen zusammenhängenden verstehbaren Text zu erstellen.

Da alle Inhalte noch recht frisch sind, kann relativ leicht ein abgerundetes Skript daraus werden. Es wird dann auch wesentlich später noch verstehbar sein – und ist mitunter Gold wert.

Während meines Studiums hatte ich durch diese Vorgehensweise sehr gutes und hilfreiches Material zu den Prüfungsvorbereitungen.

Bei großen Kongressen werden meist Vortragsblöcke von 30 Minuten gehalten. So kann es vorkommen, daß man täglich bis zu 12 Vorträge verarbeiten muß. Bei einem mehrtägigen Kongress kann man somit schnell Zuhörer bei 40-50 Vorträgen werden.

Das Aufnahmevermögen ist hier natürlich schnell erreicht, und die Ermüdung nimmt zu. Durch aktives Mitschreiben konnte ich hier stets viele Informationen sammeln und verwerten. In den großen Pausen zwischendurch zog ich mich dann zurück und gab die noch frischen Mitteilungen an Hand meiner Notizen gleich in mein Diktiergerät ein. Dadurch waren meine Kapazitäten wieder für weitere Beiträge frei. Außerdem habe ich so eine Sammlung wertvoller Beiträge, auf die ich bereits häufig zurückgreifen konnte.

Diese Art der Kongreßteilnahme und Informationsaufbereitung mag ein Extrembeispiel sein, verdeutlicht aber gerade dadurch die Effektivität und Hilfe durch aktives Zuhören und Mitschreiben.

Selbsthypnose: Neue Methoden zur Verbesserung des Lernens und Behaltens

1. Wie wirkt Hypnose?
2. Erste Übung: Autohypnose – Ruhebild und Einleitung
3. Der Knoten im Taschentuch? Funktioniert!
4. Zweite Übung: Autohypnose – Vorbereitung des Lernens
5. Vom richtigen Umgang mit den Innenbildern
6. Dritte Übung: Genauigkeit und Zeit zum Abspeichern
7. Der zweite Knoten im Taschentuch: Mentales Training
8. Vierte Übung: Bist du nicht willig – so brauche Erfolg!
9. Warum Pferde rechnen können und Banken pleite gehen: Die sich selbsterfüllende Prophezeiung
10. Fünfte Übung: Eile mit Weile
11. Weglaufende Gedanken müssen angehalten werden
12. Sechste Übung: Zeit vergeht subjektiv
13. Von der Negation des russischen Bären
14. Siebte Übung: Der Erfolgreiche
15. Achte Übung: Leseverbesserung
16. Neunte Übung: Alles hat Struktur
17. Zehnte Übung: Kürzer geht es wirklich nicht
18. Elfte Übung: Einschlafen mit Schäfchenzählen?

Selbsthypnose
Neue Methoden zur Verbesserung des Lernens und Behaltens

1. Wie wirkt Hypnose?

Bereits bei den alten Ägyptern, den Griechen der Antike und in der Mahabarata, dem Heldenepos der Inder, werden Hypnoseverfahren beschrieben. Auch die Schamanen der Naturvölker wenden auf allen Erdteilen Rituale an, die wir als Hypnose identifizieren können.

Fast immer werden diese Verfahren zur Krankenheilung benutzt. Oft sind es solche Erkrankungen, die wir als psychosomatisch bezeichnen würden. Aber auch bei Operationen und Schmerzproblemen greifen sowohl Schamanen als auch Chirurgen unseres Kulturkreises auf Hypnose zurück. Bei Angstproblemen, Depressionen, ja fast allen seelischen Problemen können Psychotherapeuten mit Hypnose fundierte Heilung erzielen.

Bis vor wenigen Jahrzehnten nahm man noch an, daß zum Hypnotisieren besondere Willenskraft des Therapeuten gehöre.

> Seriöse und international anerkannte Wissenschaftsexperimente der Pychologie und Medizin haben aufgezeigt, daß Hypnose die aktive Mitarbeit des Klienten voraussetzt.
>
> Nur jemand, der dies auch will, kann hypnotisiert werden.
>
> Der Klient muß sich *aktiv* auf bestimmte Gedanken und Innenbilder einlassen.

Diese *aktive* Auseinandersetzung verlangt eine gute Kooperation zwischen Therapeut und Patient. Wenn ihre Kommunikation gut ist und ein Vertrauensverhältnis aufgebaut ist, dann wird sich der Patient auf weitere Vorgehensweisen intensiver einlassen.

Die aktive Beteiligung beinhaltet auch, daß der Patient selbst die Steuerung des gesamten Prozesses in die Hand nehmen kann.

> Sie werden es lernen, Hypnose bei sich anzuwenden und die vielen Vorteile für sich zu nutzen.
>
> Die Selbstanwendung der Hypnose ist Autohypnose.
>
> Die Vorteile der Hypnose bestehen darin, durch relativ einfache Übungen schnell eine tiefe Entspannung zu erreichen.
>
> Entspannung dient u.a. zur Erholung, zum Streß- und Angstabbau.

Beim Lernen, bzw. beim geistigen Arbeiten, treten als Folge der Anstrengung gleiche Ermüdungserscheinungen auf wie bei körperlicher Anstrengung. Die Aufnahmefähigkeit, Konzentration und Behaltensrate nehmen ab, und die Lerneffektivität sinkt deutlich.

> Durch Tiefenentspannung mit Hypnose können Sie innerhalb von wenigen Minuten wieder Ihre volle geistige Frische erreichen und eventuell sogar steigern.
>
> In Prüfungen können Sie nach wenigen Sekunden Tiefenentspannung Ihre Leistungsfähigkeit schnell wiederherstellen.
>
> Durch regelmäßiges Üben werden Sie diese Methode zielsicher in vielen Lernbereichen einsetzen und sich ihr geistiges Arbeiten erleichtern können.
>
> Durch Hypnose können Sie lernbehindernde Blockaden beseitigen.

Das geistige Arbeiten ist ein relativ empfindlicher Prozeß, der von Gefühlen (Ängsten, Sorgen), Motivation (Erfolg, Mißerfolg) und anderen Befindlichkeiten leicht beeinträchtigt werden kann. Dadurch entstehen emotionale Blockaden. Die Aufnahmefähigkeit ist dann gemindert, das Arbeiten wird immer uneffektiver, und es entstehen Versagensängste. Bei sinnvoller Anwendung von Hypnose kann man seine Blockaden selbst lösen.

> In Hypnose ist man für Anweisungen aufgeschlossener.
>
> Diese Anweisungen nennt man Suggestionen.
>
> Mit geeigneten Suggestionen können Sie Ihr Lernverhalten positiv beeinflussen.
>
> Sie werden es schnell lernen, sich die förderlichen positiven Suggestionen selbst zu geben.

Der weitere Vorteil der Hypnose besteht also darin, während der Entspannung Instruktionen aufzunehmen und sie besonders gut zu befolgen. Auf diese Weise können mit den geeigneten Suggestionen sogar physiologische Prozesse wie Hautdurchblutung, Hirnaktivität, Herzschlag, Immunsystem beeinflußt werden. Auch unsere Aufnahmefähigkeit und Zeitwahrnehmung sind so beeinflußbar.

Hypnose ist keinesfalls ein Wundermittel, die gezielte Anwendung von Suggestionen hilft nur unserer Leib-Seele-Einheit, die vorhandenen Verarbeitungsmöglichkeiten gezielt anzusteuern.

Auch im Lernprozeß kann man mit entsprechenden Suggestionen Verbesserungen erreichen.

Wo liegen die Grenzen der Autohypnose?

Wie jede Methode hat auch Hypnose ihre natürlichen Grenzen.

Wenn schon so viele gute Verheißungen gemacht werden, dann muß auch erwähnt sein, wann und warum Autohypnose nicht wirkt.

> Autohypnose hilft nur, wenn sie regelmäßig, konsequent und genau geübt wird.
>
> Wichtig ist, daß Sie die Übungen gewissenhaft durchführen. Achten Sie dabei auf alle Anweisungen. Üben Sie bitte, wie angegeben, mehrmals täglich.

Belassen Sie die hier angegebenen Übungsschritte in der aufgezeigten Reihenfolge. Sie ist über viele Jahre erprobt. Lassen Sie Übungsteile nur aus, falls sie nach mehrfachem Üben störend sind. Modifikationen und Veränderungen sollten Sie erst vornehmen, wenn Sie bereits etwas Übung darin haben.

> Das Hypnose-Lernsystem hilft nur, wenn sowohl Lerntechniken als auch Hypnose geübt und kombiniert werden.

Durch diese Kombination erreichen Sie optimale Arbeitsbedingungen. Wie erwähnt, werden die Hypnoseübungen allein weniger hilfreich sein. Die Lerntechniken für sich allein praktiziert bringen selbstverständlich Zugewinn.

Nun überdenken Sie bitte einiges genau:

1. Falls Sie sehr viele Tagträume haben, so sind Sie bitte sehr selbstkritisch:
a. Sind Ihre Träumereien sehr angenehme und willkommene Pausenerholung?
b. Entgleiten Ihre Gedanken schnell in Phantasien, Angstgedanken, Schwarzmalereien, unangenehme Vorstellungen?
c. Benutzen Sie Tagträume, um aus der Realität zu entfliehen?

Bei 1b und 1c sollten Sie vorsichtig mit der Anwendung der Autohypnose sein, da Sie sich dadurch eventuell der positiven oder negativen Realität entziehen.

2. Leiden Sie unter Depressionen, Lebens-, Ehe-, Partnerproblemen, starken Ängsten, Lebenskrisen?

Falls Sie in der hier beschriebenen Weise belastet sind, so konsultieren Sie bitte eine entsprechende Fachperson oder Fachberatungsstelle (also einen Psychologen oder Psychotherapeuten, der in freier Praxis oder in einer Institution wie Ehe- oder Lebensberatungsstelle arbeitet).
Holen Sie sich dort Rat.

Bei besonderen Problemstellungen sollte das hier vorgegebene Lernkonzept durch weitere Hilfen unterstützt und getragen werden.

2. Erste Übung:
Autohypnose – Ruhebild und Einleitung

Vorbemerkungen

In einer Therapie werden die Anleitungen zur Hypnose durch einen Therapeuten gegeben. So erlernt man die Methode schneller.

Der Therapeut übt in Stufen die Hypnose ein und verbindet sie dann mit Suggestionen zur Lernverbesserung. Wesentlich ist, daß jede gute Therapie darin besteht, die Patienten anzuleiten, ihre Behandlung immer mehr selbst zu übernehmen. Also wird der Therapeut recht schnell dazu übergehen, Instruktionen zur Selbsthypnose zu geben.

> Ratsuchende sollen möglichst bald die Verantwortung für ihre eigenen Veränderungen übernehmen.
>
> Diese Selbstverwaltung ist Übernahme von Verantwortung, Selbstbestimmung und Befreiung.

Da Sie Ihr Lernprogramm selbst verwalten, werden Sie sich die Anleitungen selbst geben und somit die Verantwortung für Ihr Vorwärtskommen übernehmen.

Eigentlich ist es selbstverständlich, daß *Sie verantwortlich für sich* sind und nicht das Buch. Gewöhnen Sie sich daran, daß Sie Ihre Lernerfolge erreichen wollen.

> Halten Sie die dargestellten Schritte konsequent ein.
>
> Üben Sie konsequent im vorgegebenen Umfang.
>
> Suchen Sie sich einen ruhigen und bequemen Ort für Ihre Übungen.

Störgeräusche sollten möglichst ausgeschaltet werden (Telefonklingel ausstellen, die Fenster schließen etc.). Achten Sie darauf, daß Sie während Ihrer Übungen nicht gestört werden. Hängen Sie gegebenenfalls ein Schild an die Türklinke.

Benutzen Sie einen bequemen Sessel oder Stuhl oder ein Sofa, auf dem Sie gut abschalten können.

> Achten Sie anfangs besonders darauf, daß Sie Ihre Übungen im Freizeitbereich durchführen.

Wählen Sie Ihr Ruhebild

In allen Hypnosesitzungen nimmt das Ruhebild einen zentralen Raum ein. Es dient dazu, die Entspannung zu verbessern und so das innere Gleichgewicht wiederherzustellen. Also sollte das Ruhebild besonders angenehm, wohltuend und mit Ruhe verbunden sein.

Meist werden für das Ruhebild Szenen aus dem Urlaub gewählt, z.B.:
– Ein Blick auf die Landschaft der Toscana;
– am Meeresstrand liegen;
– im Wald spazieren gehen.

> Lassen Sie sich Zeit, und stellen Sie sich verschiedene Einzelheiten Ihres Ruhebildes plastisch vor.
>
> Spüren Sie die unterschiedlichen Sinneseindrücke.

In den Ruhebildern haben Sie viel Zeit und können beliebig lang bei Eindrücken verweilen. Wichtig ist, daß Sie plastische Innenbilder hervorrufen. Das gelingt Ihnen am besten, wenn Sie die einfachen Sinneseindrücke dabei besonders deutlich auf sich einwirken lassen.

Hier als Beispiel das Ruhebild „Am Meeresstrand liegen":

> Spüren Sie die Wärme der Sonnenstrahlen in Ihrem Gesicht. Diese angenehme und wohltuende Wärme, die auf die Stirn und Wangen streicht. Diese Wärme, die auch auf den Armen und dem Brustkorb so wohlig ist, die Sie auf dem ganzen Körper spüren…
>
> Merken Sie dabei auch, daß mitunter ein angenehm frischer Luftzug Ihre Stirn kühlt…
>
> Hören Sie deutlich die typischen Geräusche der Ruheszene: Das Kommen und Gehen der Wellen, das Rufen der Möwen…
>
> Fühlen Sie an den Händen unterschiedliche Berührungen, so den warmen feinen Sand, der kitzelnd durch die Finger rieselt…
>
> Nehmen Sie die typischen Gerüche wahr: die würzig-salzige Meeresluft; sie spüren sogar etwas Salz auf Ihren Lippen…

Schließen Sie einfach Ihre Augen und erleben Sie diese unterschiedlichen Wahrnehmungsqualitäten. Diese verschiedenen „Bilder" Ihrer Sinne werden zunehmend plastischer und reichhaltiger.

> Sie merken: Sie setzen sich aktiv mit Ihren Innenbildern auseinander.
>
> Nehmen Sie sich zu Beginn der Übung genau vor, wie lang sie dauern soll. Geben Sie sich also die klare Instruktion, daß Sie nach XX Minuten die Augen wieder öffnen werden.

Wenn Sie die Beendigung der Imaginationen stets vorher festlegen, können Sie also genau einplanen, wieviel Zeit Sie investieren werden. Meist reichen 15 Minuten aus, um sich zu erholen. Dies ist ein Zeitraum, der relativ leicht eingeplant werden kann. Bereits nach wenigen Übungen haben Sie dann gelernt, sich klare Zeitangaben zu geben und danach wieder fit zu werden.

> Verlassen Sie sich darauf, daß Sie nach der eingeplanten Zeit die Augen wieder öffnen werden.

Falls Sie sich anfangs nicht zutrauen, nach vorgegebener Zeit wieder aufzustehen, so stellen Sie einen leise summenden Wecker. Sie werden ihn bald entbehren.

Die Entspannung klappt natürlich schlecht, wenn Sie nach dem Genuß „aufputschender" Mittels wie Kaffee, Tee, Cola zu angeregt sind.

Das Wachwerden ist erschwert, wenn Sie körperlich übermüdet sind oder wenn sich Mittel wie Medikamente oder Alkohol auswirken. Bei Übermüdung können Sie sich nur bedingt mit Hypnose anregen. Nach einer durchzechten Nacht ist das Schlafdefizit nur durch Schlaf nachzuholen.

Die Hypnoseeinleitung

Die Einleitung der unterschiedlichen Hypnosemethoden besteht darin, die Aufmerksamkeit einzuengen. Das bedeutet, daß wir unsere Aufmerksamkeit von äußeren Geschehnissen immer mehr zu inneren Erlebnissen richten.

Zuerst setzen Sie sich ganz bequem hin.

> Wenn Sie sich nach einigen Sekunden gemütlich zurechtgerückt haben, dann suchen Sie sich einen kleinen Punkt aus, den Sie nun, ohne mit den Augen zu zwinkern, ansehen.
>
> Dieser Punkt sollte sich auf einem möglichst ruhigen Hintergrund befinden, damit Sie sich gut darauf konzentrieren können. Gut bewährt hat sich der Papierschnipsel aus dem Aktenlocher. Heften Sie ihn mit Klebestreifen unter die Decke oder legen Sie ihn vor sich auf den (leeren) Tisch.
>
> Verwenden Sie immer den gleichen Stuhl und den gleichen Fixationspunkt. Das erleichtert Ihren Lernprozeß.
>
> Sie beobachten den Punkt ganz intensiv und werden dann nach wenigen Sekunden bereits feststellen, daß der Hintergrund anfängt, milchig und verschwommen zu werden. Der Punkt dagegen wird sich klar abheben.
>
> Betrachten Sie den Punkt weiter mit Ruhe und Geduld. Der Hintergrund wird dann immer verschwommener. Es kann auch vorkommen, daß der Punkt mal scharf und mal unscharf zu sehen ist.
>
> Mit der Zeit werden Sie merken, daß Ihre Augen zu brennen anfangen und immer müder werden. Schauen Sie jedoch weiter auf den Punkt, bis die Augenlider immer schwerer werden. Nach einigen Sekunden werden die Augen ganz von allein zufallen.
>
> Beobachten Sie dann Ihre Atmung. Bemerken Sie, wie Sie ruhig ein- und ausatmen. Mit jedem Atemzug werden Sie ruhiger. Der ganze Körper wird lockerer und entspannter.
>
> Nach einigen Sekunden werden Sie anfangs die Umweltgeräusche vermeintlich lauter hören. Dann aber treten sie immer weiter zurück, sind wie durch Watte zu hören, uninteressant geworden.
>
> Stellen Sie sich nun Ihre Ruhebild vor – so lange wie Sie es wollen.
>
> Wenn Sie dann ausreichend entspannt und ausgeruht sind, werden Sie von allein den Wunsch haben, die Augen zu öffnen. Zählen Sie dann rückwärts von drei bis null und öffnen die Augen.
>
> Nach wenigen Sekunden werden Sie dann aufstehen und erfrischt sein.

Erstaunt werden Sie feststellen, daß Sie gar nicht erstaunt sind. Es sind ganz normale und Ihnen lange bekannte Prozesse abgelaufen.

Von Ihren Tagträumen oder Ihrem Urlaubsfaulenzen kennen sie ähnliches: Sie dösen vor sich hin, und Bilder unterschiedlichster Deutlichkeit und Inhaltes tauchen sogar bei offenen Augen auf, während die reale Umgebung stark reduziert wahrzunehmen ist. Sie sind dann in einer „anderen Welt", Sie sind in Trance. Weiter haben Sie gemerkt, daß nur das passiert, was Sie selbst zulassen.

> Das, was im Alltagsleben ganz normal und unkompliziert auftritt, wird in Hypnose nutzbar gemacht.
> Die Alltagsphänomene von Trance werden in Hypnose gezielt methodisch eingesetzt.

Der Hypnotiseur wird genau in dieser Weise Ihre Alltagserfahrungen nutzbar machen. Es passiert auch in der Therapie unter Hypnose nichts Außergewöhnliches. Nur dadurch, daß manche Innenbilder in einem anderen Kontext auftreten, werden sie mitunter als Besonderheit eingestuft.

Da Sie nun Hypnoseerfahrungen gezielt zur Verbesserung des Lernens und der Prüfungsleistung einsetzen wollen, benötigen Sie natürlich ein entsprechendes Training darin.

> Üben Sie täglich möglichst zweimal.
> Planen Sie diese Übungszeiten fest ein.

Bei dieser Übungshäufigkeit werden Sie bald Erfolg haben. Sie können dann schneller gezielt Ihre Anwendungen vornehmen. Die vorgeschlagene Zeit von 15 Minuten können Sie gut und ohne Aufwand in Ihren Tagesplan integrieren. Am günstigsten ist es, wenn Sie die Übungen jeweils am späten Vormittag und am Nachmittag machen, also in den größeren Zwischenpausen.

Für Schüler oder diejenigen, die nur nachmittags üben können, sollte die erste Übung nach dem Mittagessen bzw. vor dem Lernbeginn liegen. Die zweite Übung wäre dann zum Zeitpunkt des Lerntiefs am Spätnachmittag.

Manche genießen es, eine Übung direkt nach dem Wachwerden einzusetzen. Andere dagegen werden dabei noch müder. Probieren Sie einfach Ihre individuelle Zeit aus!

> Auch wenn Sie die Übung anfangs noch als unangenehme Pflicht erleben, werden Sie sie mit der Zeit als sehr hilfreich ansehen und sich sogar darauf freuen.

3. Der Knoten im Taschentuch? Funktioniert!

Sie kennen bestimmt die Volksweisheit, daß man sich durch einen Knoten im Taschentuch besser an etwas erinnern kann.

Mitunter gibt es Situationen, in denen man sich eine Notiz machen möchte, jedoch keine Möglichkeit dazu hat: Auf dem Flur erinnert mich eine Kollegin, ihr mein privates Buch zu leihen. (Oder: Beim Einkaufen fällt mir an der Wursttheke ein, daß ich abends den Lichtschalter reparieren will.)

Meine Gesprächspartner verblüffe ich stets damit, daß ich dann mein Taschentuch hervorhole, einen Knoten rein mache und sage: „Ich habe es notiert."

Diese Art der Merktechnik enthält Grundelemente, die beim Lernen und Behalten wesentlich sind. Das ist auch der Grund, warum ich den Knoten hier erwähne: es sind Prinzipien der Konzentration und der Autosuggestion enthalten.

Die Schritte bei der „Knotennotiz" sind:

1. *Aufgabenstellung*

Z.B.: Leihe mir das Buch „Pilzesammeln".

2. *Konzentration*

Ausschließlich nur auf diesen einen Inhalt konzentrieren.

3. *Signaldefinition zum Abspeichern*

Legen Sie ein eindeutiges Signal fest, das es zu erinnern gilt, wie hier „Buch: Pilzesammeln".

4. *Signaldefinition zum Suchen*

Legen Sie genau fest, wann, wo und unter welchem Begriff das Abgespeicherte wieder erinnert werden soll.

5. *Handlungsdefinition*

Legen Sie fest, was mit dem erinnerten Begriff/Gegenstand geschehen soll (z.B. das Buch „Pilzesammeln" in meine Aktentasche stecken).

6. *Absicherung*

Knoten ins Taschentuch machen.

7. *Abspeicherpause*

Den Knoten ganz in Ruhe machen und dabei nur an das vorher festgelegte Signal denken.

Versuchen Sie einige dieser Merkmöglichkeiten. Wenn Sie das Signal gut definiert haben und sich eine Abspeicherpause geben, werden Sie sich angemessen erinnern.

In gleicher Weise werden Sie demnächst Begriffe und Zusammenhänge kodieren, abspeichern und wiederfinden – ohne Taschentuch, nur mit Hilfe Ihrer Autosuggestion.

Durch die klar definierten Schritte wurde ein Gesamtsystem angesprochen, das nur bei Eintreten der Voraussetzungen zu arbeiten beginnt. Wenn Sie in Selbsthypnose Ihre Ruhebilder wachrufen, verwenden Sie in gleicher Weise klare Signale (Meeresrauschen, Wärme, Berührung des Sandes), die dann komplexe Bilder und Erlebnisse aktivieren. Später wird allein der Beginn der Übung schon Ihr Ruhebild und die Entspannung hervorrufen. Das ist für die Kurzform wichtig, die Sie noch lernen werden.

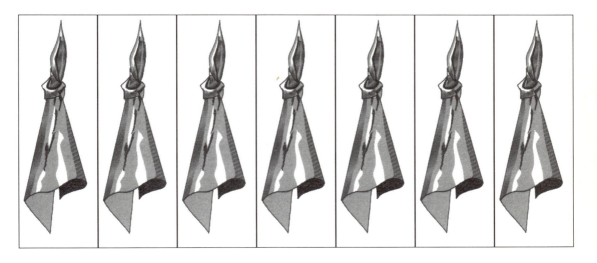

4. Zweite Übung:
Autohypnose – Vorbereitung des Lernens

Nach ungefähr einer Woche täglichen Übens werden Sie die Einleitung der Autohypnose relativ zügig und zuverlässig anwenden. Auch Ihre Ruheszene ist Ihnen lieb geworden.

Von nun an werden Sie die Autosuggestionen mit genauen Zielsetzungen anwenden.

Sie erlernen Anweisungen zur Lernvorbereitung.

Zu Beginn einer Lernphase (z.B. nach der Pause) oder am Anfang eines neuen Stoffes werden Sie nun gezielter vorgehen:

Verschaffen Sie sich einen kurzen Überblick über die gestellte Aufgabe, indem Sie z.B.:

– die Vokabeln einmal durchlesen;
– von dem Kapitel eines Buches die Überschriften, Stichworte etc. ansehen, also das S von SQ3R realisieren;
– für eine schriftliche Ausarbeitung die Materialgliederung, Stichworte durchlesen.

Dieser Vorgang dauert tatsächlich nur wenige Minuten. Durch diese Art der Orientierung haben Sie nun Ihren Arbeitsspeicher auf die zukünftige Arbeit vorbereitet. Gleichzeitig werden bereits Begriffe aufgenommen und Such- oder Einordnungsmodelle bereitgestellt. Das Gehirn hat nun also Grobinformationen über den anstehenden Auftrag und stellt seine Mittel bereit.

Nun legen Sie eine Pause von einer knappen Minute ein, indem Sie entspannen.

Die Aufträge sind jetzt erteilt und Sie können zügig mit der Weiterarbeit beginnen.

> Gewöhnen Sie sich daran:
> Lernen:
>
> Lerninhalte mit Übersicht
> + Kurzentspannung
> + Speichern
> _____
>
> = sinnvolles Lernen

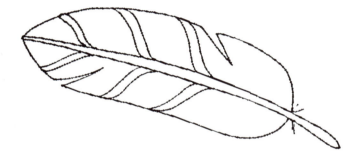

Bitte überprüfen Sie weiterhin die Beherrschung der Lern- und Arbeitstechniken mit der **Checkliste zur Lernkontrolle** in Anhang A.

5. Vom richtigen Umgang mit den Innenbildern

Innenbilder, Imaginationen, Vorstellungen spielen sich im Kopf ab. Es sind Repräsentationen von Sinneseindrücken.

> Innenbilder sind Abbildungen der Außen- und Innenwelt
> - Sie werden als real erlebt.
> - Sie sind meist komplexe Bilder.

Auch wenn wir wissen, daß wir uns die Rose nur vorstellen, so können wir doch deren Duft genießen. Wir können solche Innenbilder so real erleben, als ob wir gerade mitten im Geschehen sind. Das ist besonders gut und sollte uns also nicht beunruhigen.

Weiter merken wir, daß diese Innenrealität am besten wirkt, wenn wir uns vor anderen Informationen wie Außenreizen abschirmen. Deshalb sollten während der Imaginationen die Augen geschlossen bleiben.

Die Innenbilder werden natürlich um so plastischer, je mehr Komponenten daran beteiligt sind: Farbe, Bewegung, Geruch, Geschmack, Temperatur.

> Begünstigen Sie Ihre Innenbilder, indem Sie stets mehrere Wahrnehmungen ansprechen.
>
> Gleichzeitig mit den unterschiedlichen Wahrnehmungen werden die damit gekoppelten Erlebenskomponenten aktiviert, also die Gefühle.
>
> Nutzen Sie die *positiven* Gefühlskomponenten Ihres Innenbildes: Entspannung, Freude, Erfolg…

Da sich unsere Innenbilder mit vielen Verarbeitungsprozessen präsentieren, können auch unangenehme Innenbilder und Gefühle auftreten. Mitunter sind uns deren Auftauchen oder Sinnzusammenhänge nicht erklärbar, da unterbewußte Prozesse, Speicher, Verbindungen aktiviert werden können.

Da Sie nun um diese Möglichkeit wissen, sollte Sie das nicht weiter beunruhigen. Allein diese Gelassenheit kann schon das Abklingen der unangenehmen Vorstellungen bewirken.

> Falls unangenehme Imaginationen auftreten, brechen Sie diese abrupt ab.
>
> Schalten Sie sofort auf ein schönes Bild um.

Da wir nur lernbegünstigende Bilder nutzen wollen, werden wir Beeinträchtigungen unterbinden. Falls der sehr unwahrscheinliche Fall eintreten sollte, daß Sie diese Negativbilder über längere Zeit nicht abgrenzen können, so sollten Sie mit Hilfe einer Fachperson (Diplom-Psychologe) deren Ursachen ergründen.

Auch Schönes verblaßt

Selbst die schönsten Ruhebilder können nach langem Gebrauch „abgenützt" werden, also ihre Funktion der Entspannung nicht mehr erfüllen.

> Falls ein Ruhebild nicht mehr wirkt, so ersetzen Sie dieses durch ein anderes.

Das vorliegende Programm zielt darauf ab, Entspannung schnell, auch in Streßsituationen, einzusetzen.

> Gewöhnen Sie sich daran, die Entspannung durch einen konstanten Schlüsselreiz einzuleiten.

Verwenden Sie beim Üben stets den gleichen Anfang des Ruhebildes (z.B. warme Sonnenstrahlen im Gesicht), oder leiten Sie es durch einen tiefen Atemzug ein. Sie werden bald in den erforderlichen Situationen allein mit diesem Schlüsselreiz Ihr Bild bzw. die Entspannung spontan abrufen können.

6. Dritte Übung:
Genauigkeit und Zeit zum Abspeichern

Sind Sie mit den Vorübungen vertraut? Können Sie gut damit umgehen? Dann dürfen Sie die nächste Aufgabe üben.

Nach Abschluß einer sinnvollen Arbeitseinheit (z.B. Definition, Tabelle, Formel) sollte stets eine Abspeicherpause eingelegt werden. Das ist eine Zeit von circa 30 Sekunden, die man sich gewähren sollte.

> Der Lernstoff soll in sinnvolle Speichereinheiten portioniert werden.
>
> Die Größe der Einheit hängt weniger vom Umfang, als vielmehr von der Dichte und Bedeutung der darin enthaltenen Informationen ab.

> Am Ende einer Speichereinheit den wesentlichen Inhalt zusammenfassen.
>
> Einen treffenden Begriff finden, mit dem abgespeichert werden soll.
>
> Mit diesem Begriff den Inhalt „abspeichern".
>
> Während einer mehrsekundigen Pause nur auf diese Inhalte konzentrieren.

Sie haben nun ähnlich gearbeitet wie ein Computer und Ihre biologisch-psychologischen Speichermöglichkeiten gut nutzbar gemacht. Ihre Megabytes stehen Ihnen nun im direkten Zugriff zur Verfügung!

> Sie werden später bei Bedarf, so z.B. in der Prüfung, in ähnlicher Weise vorgehen:
> - Frage lesen;
> - eine kurze Suchpause einlegen;
> - Antworteinheiten finden.

Da dieses Vorgehen Ihnen merkwürdig vorkommt und Sie wahrscheinlich lieber diese Kurzpausen nicht machen wollen, sei folgendes Beispiel genannt: Sie wollen sich an einen Namen (einer Person, eines Ortes, Autos etc.) erinnern. Je mehr Sie angespannt nachdenken, um so weniger wird er Ihnen einfallen. Dann plötzlich nach einigen Minuten beim Abendbrot oder Fernsehen fällt Ihnen der Begriff und der gesamte Kontext ein.

Durch zu angestrengtes Suchen entwickeln wir irreleitende Suchbilder oder blockieren uns darin. In der entspannten, scheinbar „suchfreien"

Zeit kann unser Informationsverarbeitungssystem jedoch genaue Suchbilder entwerfen. Ohne unser bewußt aktives Zutun arbeitet unsere Festplatte „Graue Zellen" also zuverlässiger.

Machen Sie sich diese Form des Abspeicherns und Suchens unbedingt nutzbar!

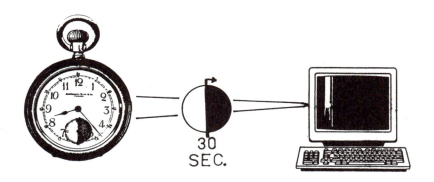

7. Der zweite Knoten im Taschentuch: Mentales Training

Inzwischen haben Sie einige Erfahrungen mit Ihrem Knoten im Taschentuch, der Hypnoseeinleitung und Ihrem Ruhebild gemacht. Mitunter waren Sie wahrscheinlich recht erstaunt, wie intensiv Sie mit Ihren Innenbildern arbeiten können.

> Innenbilder sind so real wie der Stuhl, auf dem Sie sitzen.

Viele unserer Handlungen werden durch unsere Innenbilder bestimmt:

Beispiel 1: Die Angst vor den Vorwürfen des Vaters ist durch Erfahrungen bedingt, und die Aktivierung dieser Innenbilder allein schränkt schon das freie Agieren ein.

Beispiel 2: Der vom Freund oder der Freundin geschenkte Ring wird betrachtet, und plötzlich kommen Bilder aus der Vergangenheit hoch, zärtliche Gefühle, Wünsche, körperliche Reaktionen.

> „Nicht die Dinge beunruhigen die Menschen, sondern die Meinungen über die Dinge."

Dieser weise Ausspruch des griechischen Philosophen Epiktet (etwa 50-138 n.C.) veranschaulicht sehr gut die Macht und Realität der Innenbilder.

Eine Person mit einer Angst vor Hunden hat einmal eine Negativerfahrung mit einem Hund gemacht. Ihre „Meinung" über Hunde ist nun angstbesetzt und beunruhigt diese Person – die Hunde ringsherum können jedoch vollkommen artig sein.

Ein vor uns liegendes Buch wird von uns bereits als unangenehm empfunden, da dieser Text mit Mühsal und Arbeit verbunden ist.

Muß das so sein?

Es liegt somit an uns, ob wir uns von diesen unangenehmen Innenbildern beeindrucken lassen. Am besten ist, man überprüft seine Vorstellungen dann an der Außenrealität.

Bislang wurden vorwiegend geistige Arbeitsprozesse beschrieben.

> Auch körperliche Tätigkeiten lassen sich mit Autohypnose trainieren.
> Dies wird als Mentales Training bezeichnet.

Uns ist nur recht wenig von diesem Bereich bekannt, da er von Trainern und Sportpsychologen als „geistige Geheimwaffe" natürlich nicht veröffentlicht wird.

So können Sportler ihre Bewegungsabläufe im Kopf einüben, bis diese später im Wettkampf automatisiert ablaufen.

Die Abfahrtsläuferin hat so die Strecke mit allen Schwierigkeiten mehrfach mental durchgeprobt. Auch die Formationstänzer können so ihren Bewegungsablauf besser synchronisieren.

> Machen Sie sich den Vorteil der Innenbilder für Ihr Training nutzbar.

Als Sportler können Sie so Ihr Augenmerk auf bestimmte Kraftansätze, Koordinationen, Bewegungsmomente richten und diese im Kopf einüben und verfeinern.

Auch für andere Tätigkeiten gilt dies in analoger Weise, z.B. für:
– das Herstellen anatomischer Präparate;
– das Durchführen chemischer Analysen;
– das Spielen eines Musikinstruments;
– das Vortragen eines Referates;
– das Anfertigen von Tafelanschriften;
– den Auftritt auf der Bühne;
– selbstsicheres Auftreten;
– angstfreies Verhalten in einer bestimmten Situation;
– entspanntes Antworten in der Prüfungssitation.

> Die Wirkweise des Mentalen Trainings beruht nicht auf „Einbildung", sondern auf physiologischen Faktoren.
> Die intensive Vorstellung einer bestimmten Bewegung bewirkt eine deutlich meßbare nervale Aktivität am relevanten Muskel.

Durch unterschiedliche medizinische und physiologische Experimente konnte diese Macht der Innenbilder nachgewiesen werden. Obwohl der

Muskel äußerlich scheinbar passiv ist, ist sein Bewegungsprogramm im Gehirn angesprochen und liegt abrufbereit am Muskel meßbar vor.

Bei realen Muskelbewegungen werden von den ausgehenden (efferenten) motorischen Nervenimpulsen im Gehirn sofort Kopien im Gehirn abgespeichert. Diese sogenannten Efferenzkopien (von Holst, 1954) sind daran beteiligt, daß wir motorische Aktionen wie z.B. Radfahren, Schwimmen, Schreiben lernen. Während des Übens werden sie laufend mit Reafferenzen, d.h. Erfolgsmeldungen vom ausführenden Organ, verglichen. Darauf greift die Motorik zurück und arbeitet damit weiter, speichert sie wieder ab etc. – Sonst müßten wir jede Motorikaktion stets von neuem lernen.

> Unsere Innenbilder bewirken ebenfalls Abspeicherungen von vorgestellten Motorikprogrammen.

Das mit Innenbildern geübte Motorikverhalten kann somit nach dem Mentalen Training schnell beherrscht werden. Es greift auf die vorgespeicherten Programme zurück.

8. Vierte Übung:
Bist du nicht willig – so brauche Erfolg!

Zu leicht nehmen wir geistiges Arbeiten als selbstverständlich hin. Wir erwarten einfach, daß wir durch Lernen besser werden. Wir erwarten also eine ständige Leistungsverbesserung.

Oft neigen wir in unserer Leistungsgesellschaft dazu, nur das als Leistung anzusehen, was einem hohen Vergleichswert entspricht. Beim Lernen ist man ja eigentlich nie richtig fertig und meint stets, man hätte noch besser und mehr arbeiten können. Also liegt es nahe, stets unzufrieden mit der eigenen Leistung zu sein. Folgen dieser Unzufriedenheit sind Frustration und Abnahme der Lernmotivation.

> Machen Sie die erforderliche Arbeitsmenge überschaubar, dann werden Sie leichter Ihre erbrachte Leistung erkennen.
>
> Greifen Sie auf die vorgeschlagenen Pausen zurück. Dadurch erkennen Sie leichter Menge und Leistung.
>
> Lernen Sie Ihre *persönliche* Leistung kennen.

Da jeder von uns ein individuelles Lesetempo hat, kann er nur danach lernen bzw. leisten. Akzeptieren Sie die von Ihnen erbrachte Leistung.

Akzeptieren Sie auch, daß Sie unterschiedliche Lerninhalte unterschiedlich gut verarbeiten können, sonst sind Sie immer unzufrieden.

> Seien Sie fair in der eigenen Leistungsbeurteilung!

Was ist Arbeit und Leistung ohne die entsprechende Anerkennung. Und nun erkennen Sie, warum Sie fair zu sich sein sollen: Sie sollen Ihre Leistungen gebührend anerkennen.

Wenn Sie Ihre Arbeitsmenge geschafft haben, so loben Sie sich.

Das ist Selbstverstärkung.

Eigenlob stinkt nur, wenn man anderen gegenüber dick aufträgt. Lobende Anerkennung eigener Leistung ist ein Stück Selbstbewußtsein.

Durch Loben verbessern Sie Ihre Arbeitsmotivation.

Beziehen Sie Ihre Selbstverstärkung mit in Ihre Übungen ein.

Wenn Sie mit Autohypnose arbeiten, so sollten Sie Ihre Selbstverstärkung mit einbeziehen:

Ich habe gut gearbeitet, halte meine Arbeits- und Pausenphasen gut ein.

Mir gelingt es, mein Pensum einzuhalten.

Ich kann die einzelnen Lerninhalte immer besser behalten.

Ich kann weiterhin gut arbeiten.

Falls Ihnen diese Formulierungen übertrieben positiv erscheinen, wenn Sie gerade in einer schlechten Phase sind, so sollten Sie dennoch die positiven Ansätze finden, die Ihnen weiterhelfen:

Weitere Vorschläge für positive Formulierungen:

Ich habe schon etwas länger arbeiten können.

Mir gelingt es schon etwas besser, die Pausen einzuhalten.

Mir gelingt es besser, mein Pensum einzuhalten.

Ich kann die Inhalte schon besser behalten.

Ich kann besser arbeiten als bisher.

Meine Bemühungen wirken sich hilfreich aus.

9. Warum Pferde rechnen können und Banken pleite gehen: Die sich selbsterfüllende Prophezeiung

In den vierziger Jahren gab es ein berühmtes Pferd – „Der kluge Hans". Auf Zuruf des Publikums erhielt Hans Rechenaufgaben und teilte das richtige Ergebnis durch die Anzahl der Hufschläge mit. Die Verblüffung war groß.

Skeptiker verlangten nun, daß der Trainer des Tieres während des Rechnens ausgeschlossen werden sollte, da er geheime Signale geben könne. Zur Verblüffung dieser kritischen Herren konnte Hans jedoch weiterhin unvermindert gut rechnen.

Später beobachteten Psychologen nicht Hans, sondern das Publikum. Nach längeren Studien konnten sie dann folgendes feststellen:

Immer wenn das richte Ergebnis (der richtige Hufschlag) erreicht war, bewegten sich die Zuschauer unmerklich. Die Spannung war nun gewichen. Genau diese minimalen Signale konnte der tatsächlich im Beobachten kluge Hans umsetzen.

Was ist hier passiert?

Die Behauptung „das Pferd kann rechnen" bewirkte bei den Menschen eine Reaktion, die sie durch das Pferd bestätigt bekamen: eine Prophezeiung hat sich durch ihre Existenz selbst erfüllt.

Wird von einer Bank behauptet, sie sei bald nicht mehr liquide, spricht sich dies rum, Kunden heben ihr Geld ab – und nun ist die Bank tatsächlich nicht mehr finanzkräftig.

> Wir stellen für uns oft Prophezeiungen auf, um sie selbst zu erfüllen, ohne ihren Realitätsgehalt zu prüfen.

Beispiele für derartige **negative** Eigensuggestionen sind:

– Ich bin kein guter Sportler.
– Ich bin sowieso unmusikalisch.
– Das brauche ich erst gar nicht anzufangen.
– Dieser Inhalt wird immer ein Geheimnis sein.
– Die Prüfung wird hart für mich.

Auf diese Weise legen Sie sich bereits fest, etwas nicht oder falsch zu können. Entsprechend gehen Sie mit negativer Einstellung an die Arbeit heran. Gerade eine schlechte Einstellung zur Arbeit aber erschwert die Arbeit. Letztlich hat man dann bewiesen, daß „man" es nicht kann.

> Überprüfen Sie bei sich, wie oft Sie derartige negative Einstellungen äußern oder denken.
>
> Bitte achten Sie auch auf scheinbar kurze und nebensächliche Bemerkungen oder Gedanken.
>
> Versuchen Sie nun, positive Formulierungen zu finden!

Beispiele für **positive** Vorstellungen und Formulierungen sind:
- Ich werde es versuchen.
- Wenigstens die Grundbegriffe werde ich verstehen.
- Ich werde einfach versuchen, daß ich es schaffe.
- Wenn ich gut lerne, dann werde ich die Prüfung auch schaffen.

Was meinen Sie? – Das kann in Selbstbetrug übergehen?

Nun, die oben genannten Negativbeispiele sind tatsächlich Selbstbetrug: man denkt von sich negativ und verhält sich selbstbetrogen negativ.

> Sie sollen lernen, die **Möglichkeiten** Ihres Denkens und Handelns zu erkennen.
>
> Die Unmöglichkeiten sollten dann erst einmal beweisen, daß sie unmöglich sind!

Wenn Sie auf diese Weise mit sich (und der Mitwelt) umgehen, dann sind Sie besser motiviert und werden tatsächlich mit mehr Selbstvertrauen anfangen und durchhalten.

10. Fünfte Übung: Eile mit Weile

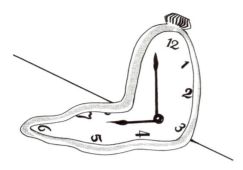

Als die Autobahn A 45 zwischen Dortmund und Frankfurt (Sauerlandlinie, 295 km) noch neu war, wurde darauf ein Test durchgeführt:

Ein Fahrer (A) sollte maximal schnell in Frankfurt sein; ein anderer Fahrer (B) sollte möglichst zügig und umsichtig fahren.

Die mitfahrenden Tester registrierten, daß Fahrer A mehrfach in riskante oder sogar lebensbedrohliche Situationen kam, nicht jedoch Fahrer B. Der Risikofahrer A kam bei einer Gesamtfahrzeit von gut 2 Stunden gestreßt an und war nur 8 Minuten früher da als sein umsichtiger und ausgeruhter Testkollege B.

> Die schnellste Lösung muß nicht immer die beste sein.
>
> Gerade bei Prüfungen will man besonders schnell sein, setzt sich dadurch unter Druck, erwirtschaftet sich aber nur minimalen Zeitgewinn.
>
> Ein zu großes Arbeitstempo bei Prüfungen kann unnötige Hindernisse aufbauen und Fehler bewirken.
>
> Da zu große Anspannung bereits arbeitshinderlich ist, sollten Sie während der Prüfung besonders konzentriert und gelassen sein.
>
> Setzen Sie also in Abständen kurze Entspannungspausen ein.
>
> Trotz dieser Pausen gewinnen Sie Zeit.

Diese Vorgehensweise muß natürlich vorher eingeübt werden, damit sie im richtigen Augenblick zur Verfügung steht.

Während des Lernens haben Sie in den Abspeicherpausen geeignete geistige Karteien „beschriftet".

> Nun werden Sie üben, Ihre gespeicherten Suchwörter wiederzufinden.

Bei der Suche nach den Begriffen gehen Sie wie folgt vor:

1. Die **Aufgabenstellung** ruhig durchlesen.

2. **Nochmals durchlesen** und sichergehen, daß Sie alles gelesen haben.

3. **Kurze Suchpause** (10-30 Sekunden)

Dabei gelassen bleiben und entspannt Zeit haben, die richtigen Begriffe zu finden oder zu formulieren.

4. Nun mit dem Gefundenen **weiterarbeiten**.

Falls Sie in Bedrängnis kommen, so verwenden Sie folgende Autosuggestion:

> Die Aufgabenstellung liegt vor mir.
>
> Ich sehe sie gelassen an.
>
> Nun lese ich sie ganz ruhig durch und nehme alles auf.
>
> Zur Sicherheit lese ich sie nochmals durch und kenne die gesamte Frage.
>
> Nun lasse ich mir ein paar Sekunden Zeit. Mit dem richtigen Suchwort finde ich alles. Bei dieser Suche bleibe ich ruhig und gelassen. Ich kann mich darauf wie gewohnt verlassen.
>
> Sobald ich die richtige Antwort gefunden habe, kann ich konzentriert und ruhig weiterarbeiten.

11. Weglaufende Gedanken müssen angehalten werden

Bekannt ist das folgende Beispiel von Paul Watzlawick, dem amerikanischen Kommunikationsforscher:

Ein Mann möchte ein Bild aufhängen, will sich dazu einen Hammer ausleihen. Als er nun in Gedanken durchgeht, wen im Hause er deswegen fragen könnte, bleibt nur eine von ihm wenig gelittene Person übrig. Unser Mann malt sich nun aus, was diese oft schnippische Person ihm sagen könnte, wenn er um einen Hammer nachfragt. Lauter unangenehme Antworten fallen ihm ein.

Schließlich geht er resolut zur Wohnungstür dieser Person, klingelt. Als diese öffnet, schnauzt er sie an: „Behalten Sie Ihren blöden Hammer!"

Diese scheinbar skurrile Geschichte ist eine weise Beobachtung des Alltagslebens.

Wenn wir negative Gefühle entwickeln, denken wir schnell und beharrlich weiter in dieser Richtung.

Wir denken uns dann lebhaft in eine Situation ein, so daß wir vergessen, diese an der Realität zu überprüfen.

Es erfolgt eine Eskalation der Gedanken, da man Handlungsweisen der anderen Personen vorwegnimmt.

Wir greifen schnell auf frühere Erfahrungen (mit anderen oder uns) zurück und übertragen sie auf die gegenwärtige Situation.

Auch die Vorurteile gegenüber uns selbst übersteigern wir leicht.

Besonders in unklaren oder angstbesetzten Situationen können Selbstzweifel aufkommen. Wenn man sich nicht an den realen Gegebenheiten prüft, so können schnell z.B. Minderwertigkeitsgefühle auftreten. Dies kann so weit kommen, daß man sich bereits als Versager (durchgefallen, blamiert) erlebt, ohne daß dafür schon reale Anhaltspunkte vorliegen.

Manch einer bewirkt durch diese sich selbsterfüllende Prophezeiung seine Depressionen. (In der Fachsprache sind das dann die kognitiven Bedingungsfaktoren.)

Der Gedankenstopp

Mitunter verfolgen uns Gedanken, Ideen oder Betrübnisse, die wir im Moment nicht lösen können. Die Gedanken kreisen immer weiter und beeinträchtigen uns dann schließlich so stark, daß wir nichts anderes mehr denken können, im Schlaf gestört sind usw.

In solchen Fällen müssen Sie sich autoritär weitere dieser Gedanken strikt verbieten. Sobald nur der Anfang einer dieser Gedanken einsetzt, schlagen Sie mit der flachen Hand auf den Tisch und sagen „Nein".

Das mag sich albern anhören, aber es hilft – vorausgesetzt Sie sind konsequent und führen diese Unterbrechung stets und gleich bei Gedankenbeginn durch.

Bei diesen Problemen sollte man dennoch überlegen, ob nicht andere Personen hilfreich sein könnten, um Lösungswege zu finden.

Unterbrechen Sie diese Kette negativer Gedanken möglichst früh, also bereits beim allerersten Anzeichen.

Am besten gelingt die Unterbrechung durch körperliche Aktivitäten (z.B. aufräumen, abstauben, Bücher raussuchen etc.).

Die Gedankenunterbrechung muß sehr konsequent erfolgen, also **immer** und **sofort**.

Überprüfen Sie den Realitätsgehalt Ihrer Gedanken.

Trifft das wirklich zu, was Sie imaginieren?

Holen Sie dazu die Meinung Außenstehender ein.

Da im vorliegenden Fall immer die Prüfung an der Realität wichtig ist, bitten Sie also Freunde, Studienkollegen (natürlich auch Freundinnen und Studienkolleginnen), Ihr Wissen zu überprüfen, die Ausarbeitung durchzulesen, etc.

Sie erhalten dadurch klare Rückmeldungen über Ihren Leistungsstand und Ihre Leistungskapazität.

Sie werden feststellen, daß Sie Ihre Gedanken immer besser lenken können.

> Sie merken, daß **Sie** allein bestimmen, Macht über Ihre Gedanken zu haben.
>
> **Sie** lenken Ihre Gedanken.

Falls Sie stärkere Probleme mit solchen unangenehmen Gedankenverfolgungen haben, verwenden Sie besonders die beiden letzten Merkpunkte für Ihre Autosuggestionen.

12. Sechste Übung: Zeit vergeht subjektiv

Herr T. befindet sich in Eile. Endlos erscheint ihm der Weg vom Parkplatz bis zum Zebrastreifen. Die Ampel zeigt scheinbar stundenlang rotes Licht, bis er endlich seine Freundin auf der anderen Straßenseite in die Arme nehmen kann. Sie gehen erst ins Kino, dann in die Pizzeria ... und verstehen sich prächtig. *Diese* Stunden vergehen wie im Fluge.

Diese kleine Geschichte macht deutlich:

> Die Zeitdauer eines Geschehens erleben wir subjektiv.

Je nach subjektiver Einstellung geraten wir in Zeitnot oder haben reichlich Zeit. Begriffe des Materiellen werden auf eine physikalisch abstrakte Größe, die vierte Dimension, angewandt.

> Zeitnot bewirkt Hast und beeinträchtigt somit das Leistungsvermögen.
>
> Wenn der Zeitablauf subjektiv erlebt wird, dann können wir diese Dimension also beeinflussen und für unsere Zwecke nutzbar machen.

Sicherlich haben Sie schon einmal einen Wasserhahn tropfen gesehen. In ruhig gleichmäßigem Abstand fallen die Tropfen. Vielleicht jede zweite Sekunde?

Ja, wirklich?

Das hängt ganz von Ihnen ab, wie schnell Sie die Tropfen erleben (wollen). Stellen Sie sich vor, die Tropfen sind nervös, und schon erleben Sie die Abfolge schneller.

Wenn Sie viel Zeit haben, beobachten Sie den Tropfen, wie er sich bildet, und alles geht ruhiger und langsamer.

Das spielt sich alles auf Ihrer psychologischen, subjektiven Ebene ab, während objektiv meßbar alles konstant bleibt.

> In einer Prüfung vergeht die Zeit ebenfalls subjektiv verändert.

Meist fühlen wir uns in einer Prüfung gehetzt und in Zeitnot.

Da es nur im schönen Roman „Momo" eine Zeitsparkasse gibt, von der man in der Prüfung etwas an Zeitkapital abheben könnte, müssen wir uns also auf unsere persönlichen Möglichkeiten der Zeitverwaltung besinnen.

> Genau diese subjektive Veränderung des Zeiterlebens verwenden Sie als Autosuggestion.

> Übung zur Vorbereitung: Der Tropfen
>
> Stellen Sie sich einen Wasserhahn vor. An seiner Öffnung bildet sich langsam etwas Wasser. Diese glasklare kleine Haube rundet sich allmählich, wird kugeliger und länglicher. Sie sehen genau, wie darin das Licht unterschiedlich gebrochen wird und alles immer verzerrter im Tropfen erscheint. Er wird immer länglicher, anfangs oval, dann unten rund und oben schmaler. Schließlich ist er oben ganz dünn und schmal, löst sich vom Wasserhahn. Er fällt nach unten. Das dauert eine Weile. Dabei rundet er sich wieder ab zu einer durchsichtigen kleinen Kugel. Durch die Fallbeschleunigung wird die Kugel wieder etwas länglicher und legt so die Fallstrecke zurück. Der Tropfen fällt dann auf den Untergrund, deformiert sich. Er wird im Moment des Auftreffens flach wie ein aufprallender Ballon. Dann zerspritzt er in mehrere kleine Tropfen, die nach vielen Seiten im Bogen wegfliegen wie die Kugeln eines Feuerwerks. Sie sinken herab und befeuchten den Untergrund.

Wenn Sie mit der vorhergehenden Übung nach ein paar Wiederholungen genug Erfahrungen haben, dann gehen Sie zur folgenden Übung weiter.

> Zweite Übung zur subjektiven Zeitveränderung
>
> Sie beobachten wieder den Wasserhahn. Anfangs tropft er regelmäßig.
>
> Wenn Sie ihn dann einige Zeit betrachtet haben, wird das Tropfen immer langsamer. Für Sie persönlich vergeht zwischen den einzelnen Tropfen so viel Zeit, wie Sie nur wollen. Mit Ruhe können Sie die Abfolge betrachten, während die objektive Armbanduhr normal weiterläuft. Sie können alles beobachten und registrieren, während Ihnen die Uhrzeit weiterhin ruhig zur Verfügung steht.

Nach einigen Übungen werden Sie diesen Effekt gut steuern können. Sie werden feststellen, daß Sie sich in Ihrer Zeiteinteilung keinesfalls verzetteln. Die objektive Zeit wird Ihnen nicht davonlaufen, sie wird normal weitergehen.

Durch diese Verzögerung Ihrer inneren Uhr können Sie jedoch tatsächlich gelassen und ohne Blockade durch Hektik Ihre Suchprozesse durchführen, um sich an gelernte Inhalte zu erinnern.

Zeit für Fortgeschrittene

Nachdem Sie mit den unterschiedlichsten Wassertropfen geübt haben, können Sie diese Erfahrung auf Ihr Arbeitsverhalten übertragen und nun abstrakter gestalten:

> Ich weiß stets genau, daß ich für jede Aufgabe immer die Zeitmenge verwenden kann, die ich gerade benötige.
>
> Für mich kann ich subjektiv relativ viel Zeit verwenden und ruhig an der Aufgabe arbeiten, während objektiv die Uhr normal und langsam weitergeht.
>
> Das ist angenehm, stets zu wissen, mit der Zeit gut auszukommen. Ich werde die Zeit gut nutzen.
>
> Mit großer Sicherheit kann ich locker und geruhsam meine Arbeit beginnen und durchführen.

> Bitte üben Sie regelmäßig.
> Sie gewinnen Sicherheit und Zuversicht!

13. Von der Negation des russischen Bären

Es gibt ein russisches Sprichwort:

„Stell dich vor eine Wand und denke an keinen Bären."

Probieren Sie es aus.

Woran haben Sie gedacht? Daß Sie an keinen Bären denken, warum Sie an keinen Bären denken sollen, usw. – und schon war das Tier plastisch in Ihrer Phantasie.

In der psychotherapeutischen Arbeit mit Hypnose werden oft Suggestionen benutzt. Dabei ist eine wesentliche Regel, daß nur positive Formulierungen zu benutzen sind. Die Erklärung wird nun deutlicher.

Wenn der Therapeut suggerieren würde: „Sie haben keine Angst", erwähnt er durch die Verneinung genau das, was abgebaut werden soll: die Angst. Hört der Patient dieses Wort, so steigt sie in ihm hoch, und das Herz klopft schneller.

Hier passiert gleiches wie oben beschrieben: Durch die Nennung eines unangenehmen Begriffes wird das damit verbundene Gesamtprogramm aktiviert.

Wenn die obige Bäreninstruktion positiv lautet „Stellen Sie sich eine grüne Wiese vor", so wird auch das in Gedanken realisiert, was gewünscht wurde. Der Angstpatient wird die Suggestion erhalten: „Sie sind in der Prüfung ganz entspannt und gelassen" – und entsprechend hat er die Möglichkeit, sein Entspannungsgesamtprogramm wachzurufen.

> Die hohe Kunst der richtigen Suggestionen besteht somit in positiven Formulierungen.
>
> Positive Formulierungen sind präziser und zielen direkt auf das angestrebte Ziel ab.
>
> Wenden auch Sie für sich positive Formulierungen und positive Suggestionen an.

Einige Beispiele für Formulierungen:

negativ	positiv
ich habe *keine* Angst	ich bin entspannt
	ich bin selbstsicher
	ich weiß die Antwort
	ich bin ruhig
ich bleibe *nicht* hängen	ich weiß eine Antwort
ich bleibe *nicht* stecken	ich komme weiter
	mir fällt genug ein
ich bin *nicht* aufgeregt	ich bin ruhig
	ich bin gelassen
	ich bin entspannt

> Beobachten Sie genau, ob Sie häufiger negative Formulierungen verwenden.
>
> Suchen Sie lieber nach positiven Formulierungen.
>
> Bemerken Sie, wie Sie sich durch positive Formulierungen auch positiver verhalten können!

Manches mag Ihnen dabei etwas gekünstelt vorkommen, aber Sie haben durch dieses bejahende Vorgehen tatsächlich andere Möglichkeiten für sich eröffnet.

Vielen ist diese Denkweise wahrscheinlich ungewohnt, weil die eigene Erziehung konträr verlief. Kindererziehung wird leider sehr viel mit Negationen und Verboten gestaltet. Dadurch kennt das Kind nur die Negation; es werden also keinerlei Handlungsmodelle vorgegeben, die das Kind als angemessene Alternative benutzen kann. Das verunsichert und bewirkt, daß die Grenzen des alten Systems weiter ausgetestet werden.

Sie sehen, daß es sich bei der Anwendung positiver Formulierungen nicht um eine beschönigende Spielerei handelt.

> Positive Gedanken und Suggestionen geben eine klare Zielorientierung.

14. Siebte Übung: Der Erfolgreiche

In den alten Zeiten der Entdecker segelte man mit winzigen Booten unter räumlich und hygienisch schlechten Bedingungen neugierig um die Welt. Wenn die Segelschiffe dann in die Flautengebiete kamen, lag das Schiff mit schlaffen Segeln, mitten im Meer still. Nach einigen Tagen des passiven Abwartens konnte schnell eine Meuterei ausbrechen, da die Mannschaft in der glühenden Sonne hoffnungslos geworden war. Die Matrosen fühlten sich ausgeliefert, machtlos.

Was tat ein kluger Kapitän? Er ließ mehrere Ruderboote vor dem Schiff festmachen und befahl den Matrosen, kräftig zu rudern. Dies hatte den Vorteil, daß das Schiff nun etwas Fahrt machte. Das gab Hoffnung, da man etwas vorwärts gekommen war. Tatsächlich konnte man dadurch dann die Annäherung an eine Wolke bewirken und war damit in die rettende Thermik gelangt.

Wesentlich war, daß die Mannschaft merkte, durch eigenen Einsatz die Rettung bewirken zu können. Sie war erfolgreich durch eigenes Handeln – trotz äußerer Widrigkeiten.

> Während des Lernens oder Arbeitens können Flauten entstehen.
> Das ist normal.
> Sie können selbst positive Veränderungen bewirken.
> Mit Ihrer Aktivität rudern Sie aus der Flaute.

Das stimmt tatsächlich. Wenn man ein Tief hat, hilft am wenigsten klagen, resignieren, abwarten, zögern. Sobald Sie sich zur Aktivität entschlossen haben, wird es weitergehen.

> Manchmal gelingt es nicht sofort, aktiv zu sein.
> Benutzen Sie dann *aktive* Innenbilder.

Vorschläge für aktive Innenbilder

Bitte stellen Sie sich diese Szenen ganz plastisch vor.

Auf großer Fahrt

Sie sind Sir Francis Drake (1540-1596), der Pirat der Meere, der berühmte und verwegene Kapitän, der die Welt umsegelte. Auf einer dieser monatelangen Reisen auf See geraten Sie in die windstillen Roßbreiten. Ihr Schiff liegt bereits seit mehreren Tagen bewegungslos, die Mannschaft wird unzufrieden.

Sie befehlen Ihrer Mannschaft, die Boote auszubringen, vorn am Schiff festzutäuen und zu rudern. Sie spornen die Matrosen an, fordern ihren Einsatz ... und langsam nähern Sie sich einer Wolke ... die Segel bauschen sich langsam auf, das Schiff nimmt wieder Fahrt auf. Die Mannschaft ist begeistert und feiert Sie als guten Kapitän. Sie sind der erfolgreiche Kapitän und können volle Fahrt und volle Leistung aufnehmen.

Der Frosch im Eimer

Ein Kuhstall.

Warm und etwas streng im Geruch.

Das Muhen der Kühe und das Klirren ihrer Ketten ist deutlich zu hören.

In einer Ecke des Stalles steht ein Eimer. Er ist halb gefüllt mit Milch. ... Ein Frosch macht einen Ausflug, kommt in den Stall gehüpft. Er schaut sich alles an und springt vor lauter Neugier in den Eimer. Plumpst in die Milch. Als er wieder raus will, ist der Rand zu hoch. So paddelt er. Er schwimmt die ganze Nacht durch, paddelt. Am nächsten Morgen sitzt er auf einem Butterklumpen – und kann weghüpfen. Er nimmt seine Wanderschaft wieder auf.

Meist können derlei Gleichnisse sehr zutreffen, mitunter nur bedingt helfen. Dann nehmen Sie positive Bilder aus Ihrer eigenen Vergangenheit.

> Stellen Sie sich ganz plastisch Szenen vor, in denen Sie erfolgreich waren.
>
> Nehmen Sie anfangs Szenen aus dem erfolgreichen Freizeitbereich (Erfolge im Sport etc.).

Konzentrieren Sie sich in dieser Szene deutlich auf die *angenehmen* Gefühle. Halten Sie diese Gefühle fest und genießen Sie diese. Es schafft Selbstvertrauen!

Wenn Sie mit der Zeit Übung im Umgang mit diesen *angenehmen* Gefühlen haben, dann wählen Sie eine einfache Aufgabenstellung aus Ihrem Arbeitsbereich aus, die z.Zt. blockiert ist.

Stellen Sie sich nun vor, wie Sie mit Ruhe und Selbstvertrauen arbeiten und immer mehr an Kompetenz erwerben.

Da Sie die Tätigkeit bereits im Kopf ausführen können, werden Sie in der Realsituation dann wesentlich geübter sein. Sie wird Ihnen dann leichter fallen. Der Erfolg ist Ihnen also sicher.

Werden Sie bitte bereits für kleine Erfolge sensibel und verstärken Sie sich dann dafür.

Mit der Zeit werden Sie dann zunehmend schwierigere Aufgaben bearbeiten können.

15. Achte Übung: Leseverbesserung

In der Hypnoseforschung ist noch umstritten, ob die Lesegeschwindigkeit mit Suggestionen gesteigert werden kann. Je mehr ein Lernender mit seiner Materie vertraut ist, um so schneller wird er darin arbeiten, also auch lesen können.

Jüngere amerikanische Untersuchungen weisen jedoch darauf hin, daß die Textaufnahme durch Selbsthypnose verbessert werden kann.

Diese Möglichkeiten werden Sie sich nun demnächst nutzbar machen.

Da die Methode einiges an Vorübung benötigt, wird sie erst an so später Stelle in diesem Buch beschrieben.

> Vorausgesetzt wird für das Erlernen der Leseverbesserung:
> – Erfahrung mit Autohypnose
> – Erfahrung mit Autosuggestionen
> – Übung in der SQ3R-Methode

Da Sie bislang alle Übungen mitgemacht haben, wird Ihnen dieser Abschnitt also ebenfalls gelingen.

Nachdem Sie die Phasen S und Q der SQ3R-Methode durchlaufen haben, bereiten Sie sich wie folgt auf die Lesephase vor:

> Stellen Sie kurz durch Autohypnose Entspannung her.
>
> Stellen Sie sich nun die Buchseiten vor ... die Überschriften ... und wie Sie dann aufmerksam darin lesen. Zeile für Zeile lesen Sie und behalten die Inhalte. So lesen Sie diese und die nächste Seite usw. Dann machen Sie zwischendurch ein paar Sekunden Pause, lassen das Gelesene auf sich wirken – und lesen danach aufmerksam weiter.
>
> Gleich werden Sie ganz frisch und aktiv sein und aufmerksam lesen können. Sie öffnen jetzt die Augen und fangen mit dem Lesen an.

Durch die Übung haben Sie eine Aufmerksamkeitseinengung auf Ihr Buch bewirkt, also Konzentration auf den Text. Gleichzeitig haben Sie sich mit der Vorstellungsübung eine anschauliche Autosuggestion gegeben. Insgesamt haben Sie sich also auf eine positive Arbeitseinstellung vorbereitet.

Mit der Zeit werden Sie einige Übung erwerben und sehr zielgerichtet mit dieser Methode umgehen können.

Bitte überprüfen Sie mit der **Checkliste zur Lernkontrolle** (Anhang A), ob Sie alle Lern- und Arbeitstechniken noch berücksichtigen.

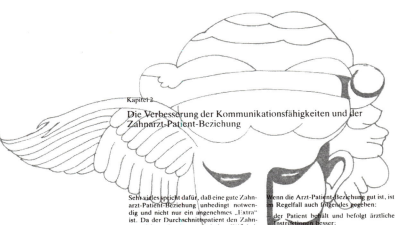

Kapitel 2

Die Verbesserung der Kommunikationsfähigkeiten und der Zahnarzt-Patient-Beziehung

Sehr vieles spricht dafür, daß eine gute Zahnarzt-Patient-Beziehung unbedingt notwendig und nicht nur ein angenehmes „Extra" ist. Da der Durchschnittspatient den Zahnarzt nicht nach seinen technischen Fähigkeiten bewerten kann, muß er andere Kriterien heranziehen. Meistens urteilt er nach den zwischenmenschlichen Fähigkeiten, die der Arzt zeigt, also zum Beispiel, ob und wie er Verständnis, Respekt und Sorge zum Ausdruck bringt.

Im vorangegangenen Kapitel wurde auf die Probleme hingewiesen, die zu einer mangelhaften Zahnarzt-Patient-Beziehung führen können. Nun wenden wir uns dem Nutzen zu, den ein vertrauens- und respektvolles Verhältnis für beide – den Zahnarzt und den

Wenn die Arzt-Patient-Beziehung gut ist, ist im Regelfall auch folgendes gegeben:
- der Patient behält und befolgt ärztliche Instruktionen besser;
- der Patient bezahlt seine Rechnungen pünktlich;
- der Patient hat eine gute Meinung vom Arzt und empfiehlt ihn weiter;
- der Patient hat weniger Angst;
- gerichtliche Klagen des Patienten sind unwahrscheinlich.

Wenn man sich diese Aspekte vor Augen führt, wird klar, welcher Stellenwert einer guten Beziehung zwischen einem Zahnarzt und seinem Patienten zukommt. Aber: Auf welche Art und Weise kann der Arzt diese

16. Neunte Übung: Alles hat Struktur

Die neue Chaosforschung zeigt, daß alles Struktur hat. So ordnet sich der vom Wind oder dem Wasser traktierte Sand nach Mustern.

Füllen Sie einen Topf voller Schmutzwasser und lassen Sie ihn stehen. Die schweren Schmutzpartikel sinken zu Boden und bilden dort nicht, wie vermutet, eine einheitlich graue Fläche, sondern ebenfalls eine Struktur.

Die Materie ordnet sich demzufolge nach einer übergeordneten Struktur.

Bei der Vorbereitung eines Referates, einer Hausarbeit oder der Examensarbeit nehmen wir oft viel Material in uns auf. Dann kommt die Phase, in der wir eine Gliederung oder Ordnung herstellen wollen, und sind enttäuscht, wie mühselig das geht, obwohl man ja so viel weiß. Wir stehen hier einem vermeintlichen Datenchaos gegenüber, das für uns noch keine sinnvolle Struktur bekommen hat.

Das ist in verschiedenen Arbeitsphasen ganz normal.

> Stoffsammlungen haben eine Struktur.
> Wir müssen diese Struktur erkennen.

Während der langjährigen Feierabendarbeiten an meinem Lehrbuch der Hypnose mit über 2.000 Manuskriptseiten habe ich immer kapitelweise die Literatur aus letztlich über 3.000 Beiträgen gesichtet. Während dieser Lesephasen von mehreren Wochen machte ich mir stets Notizen zu einer möglichst sinnvollen Strukturierung. Es war jedoch wieder und wieder frustrierend, mit all dem vielen Wissen im Kopf immer ratloser zu werden und die Strukturen nicht mehr zu finden. Das schaffte Arbeitsblockaden.

Mit der Zeit erkannte ich dann:

> Man benötigt zeitlichen und inhaltlichen Abstand, um Strukturen zu erkennen.

Der Nobelpreisträger für Wirtschaftswissenschaften und Protagonist der künstlichen Intelligenz Herbert A. Simon hat genau diesen wichtigen Apekt herausgefunden. Ohne Abstand wären manch geniale Ideen nicht gedacht worden.

Ein kleines Beispiel aus der Malerei veranschaulicht dies:

Von nahem besehen erkenne ich auf einem Bild Seurats nur wahllose Farbpunkte, aus einiger Entfernung betrachtet entfaltet sich ein wunderschönes Bild, das im Pointilismusstil gemalt ist.

Genauso entwickeln Sie mit der Zeit immer perfektere Strukturierungstechniken, auf die Sie sich dann verlassen können.

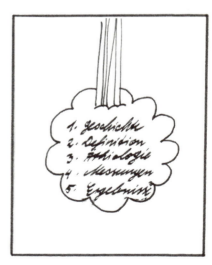

So können Sie wieder Übersicht gewinnen und strukturieren:
1. *Materialsammlung anlegen*
    - Texte lesen, mit Kommentaren versehen etc.;
    - Notizen, Stichworte anfertigen;
    - Karteikarten anlegen.
2. *Vorstrukturierung des Materials*
    - Gliederung vorhandener Texte ansehen.
    - Notieren Sie die Hauptabschnitte in der Reihenfolge, wie sie Ihnen einfallen.
    - Notieren Sie Unterbereiche und ordnen Sie sie den Hauptabschnitten zu.

Nun befindet sich das gesamte Material in einem sehr labilen Zustand: einerseits zeichnen sich Strukturen ab, andererseits ist noch so vieles ungeordnet. Die Fülle der Zuordnungsmöglichkeiten ist zwar groß, aber nur sehr wenige werden für dieses Material die eindeutige und sinnvolle Struktur ergeben.

Nun setzen Sie das ein, was bereits beim Suchen von Begriffen sinnvoll war: *Entspannt abwarten.*

3. Ihr *Suchbild „Arbeitsauftrag"* ist nun umrissen.

    Überlassen Sie jetzt Ihrem Gehirn die Aufgabe, eigenständig aus der Datenfülle eine sinnvolle Struktur zu erkennen.
4. Ziehen Sie sich nun vom blockierenden Arbeitsplatz zurück und genießen Sie für 10-20 Minuten *tiefe Entspannung*.

    Da der Arbeitsauftrag bereits erteilt ist, überlassen Sie sich genüßlich Ihrem Ruhebild.
5. In dieser tatsächlich *schöpferischen Pause* gestaltet sich die immanente Struktur eigenständig sinnvoll. (Ohne daß wir es merken.)
6. Nach *Abschluß des Ruhebildes* lassen Sie diese Struktur noch in Entspannung vor Ihrem geistigen Auge absichtslos vorbeigleiten.
7. Nun *beenden Sie die Entspannung* und notieren Sie diese Struktur an Ihrem Arbeitsplatz.

Sie werden erstaunt sein, wie leicht die Gliederung Ihnen jetzt fällt.

Durch den zeitlichen und inhaltlichen Abstand erhalten Sie also Nähe zur Struktur.

17. Zehnte Übung:
Kürzer geht es wirklich nicht

Nun ist es an der Zeit, die Kurzform der Hypnose vorzustellen, die Sie innerhalb von wenigen Sekunden in zahlreichen Situationen, besonders in Prüfungen, anwenden können.

Bislang haben Sie, wie empfohlen, stets das gleiche Einleitungsvorgehen bei der Autohypnose verwandt. Dadurch haben Sie sich mit der Zeit daraufhin trainiert (konditioniert), bereits durch den Beginn der Übung in Entspannung zu gelangen.

Anweisung für die Kurzform der Selbsthypnose

- Sie werden gleich, wenn Sie die typische Sitzhaltung einnehmen und die Augen schließen, schnell und fast automatisch entspannen.
- Die Einleitung können Sie nun intensivieren, indem Sie etwas intensiver und ruhiger ein- und ausatmen.
- Da Sie bereits intensive Erfahrung mit Entspannung und ruhiger Atmung haben, können Sie nun die Atmung als Schnelleinleitung benutzen.
- Ihr Ruhebild haben Sie bislang stets durch die gleiche Szene eingeleitet, das Schlüsselbild.
- Stellen Sie sich bei der Einleitung immer häufiger nur noch das Schlüsselbild vor – und sofort wird tiefe Entspannung einsetzen.
- Nun entspannen Sie circa 1-3 Minuten und geben sich vor dem Augenöffnen Ihre gewünschte Autosuggestion.
- Wenn Sie nun die Augen öffnen, sind Sie fit, und es kann mit neuer Energie weitergehen.

Was, so einfach soll die Kurzform sein? Sicher, denn es ist ja eine Kurzform! Dabei greifen Sie ja auf Ihre intensiven vorherigen Übungserfahrungen zurück.

Zu empfehlen ist, diese Kurzform anfangs im ruhigen Rahmen anzuwenden. Auch sollten anfangs Kurz- und Langform im Wechsel geübt werden.

Mit zunehmender Erfahrung und Sicherheit sollten Sie dann die Kurzform in Situationen mit höherem Schwierigkeitsgrad anwenden: Bibliothek, Geräusche ringsum, Zeitdruck, unterschiedliche Sitzmöbel, Anwesenheit anderer Personen (Arztwartezimmer, Lesesaal etc.), simulierte Klausur.

> Sie werden bald innerhalb von wenigen Sekunden intensiv entspannt sein, unabhängig von der Umgebung und der Situation

Bei Prüfungen und Klausuren, aber auch während der täglichen Arbeit, wird Ihnen diese Kurzform sehr hilfreich sein.

18. Elfte Übung: Einschlafen mit Schäfchenzählen?

Wir alle kennen den Ratschlag, bei Einschlafproblemen Schäfchen zu zählen. Zahlreiche Bilderwitze befassen sich damit. Einige sind begeistert davon, und anderen hilft es überhaupt nicht. Was ist eigentlich wahr daran?

Was können Sie tun, wenn Sie Einschlafprobleme haben?

Bevor Sie hier zur vermeintlichen Allmacht der Innenbilder greifen, sollten Sie analysieren, wodurch die Schlafprobleme entstanden sind.

> Schlafmittel und Alkoholkonsum helfen nur anfangs, verändern jedoch die Schlaftiefe beträchtlich. Die Nebenwirkungen des Katers sind dann sicherlich arbeitshinderlich.
>
> Zu langes und spätes Lernen bewirkt Schlafprobleme.
> - Mindestens eine halbe Stunde vor dem Schlafengehen sollte das Lernen beendet werden. Dann bitte nur noch Entspannendes tun.
>
> Bei starken Sorgen hilft der Gedankenstopp.
> Es wird dadurch jedoch keine Lösung erreicht.
> Bei Schlafstörungen helfen oft körperliche Betätigungen.

Bei Personen mit starker geistiger Belastung tritt zwar Abgespanntheit und Erschöpfung auf, die jedoch das Einschlafen behindert. Ausgewogene körperliche Betätigung (Sport, Holzhacken, Joggen, Abendspaziergang etc.) führt hier zu einer gesunden Ermüdung und zu erholsamem Schlaf.

Auch alte Hausmittelchen sind nicht zu verachten, wie Baldrian oder beruhigende Tees. Nebenwirkungen sind hier bei sachgemäßer Anwendung nicht zu beobachten.

Warme Fuß- und Ganzbäder (mit oder ohne entsprechende Essenzen) haben ebenfalls entspannende und schlafbahnende Wirkung. Die Temperatur und Badedauer darf nur nicht zu hoch sein, sonst wird das Gegenteil erreicht.

> Schäfchenzählen ist eine Imaginationsmethode, ist Autosuggestion.

Konzentrieren Sie sich auf das möglichst plastische Bild der Tiere, die nun langsam vorbeiziehen. Dabei wird das Zählen wahrscheinlich gar nicht erforderlich sein.

Es erfolgt eine Einengung der Wahrnehmung, gleichzeitig tritt durch die langsam gehenden Schafe, die sich alle ähnlich sehen, Monotonie ein. Das sind Faktoren, die Sie von der Einleitung der Hypnose kennen.

> Wenn Sie wollen, können Sie zum Einschlafen auch die gewohnte Einleitung und ein geeignetes Ruhebild benutzen.
>
> Nehmen Sie dann ein besonderes Ruhebild, das Sie nur zum Einschlafen benutzen.
>
> Benutzen Sie besondere Autosuggestionen.

Die ausgewählten Schlafsuggestionen sollten möglichst nicht Schlafformulierungen enthalten, da man sonst die Aufmerksamkeit zu stark darauf richtet und so erst recht nicht schlafen kann. Benutzen Sie lieber Entspannungsformulierungen wie: „Ich genieße es, am abendlichen Strand zu liegen, der untergehenden Sonne zuzusehen, in den dunkler werdenden Himmel zu sehen … ich merke, wie mein Körper angenehm locker ist, angenehm schwer wird …".

Letzlich sollten Sie das Wachbleiben mit Nichtbeachtung strafen: Je mehr Sie das Wachliegen beobachten, um so mehr ärgern Sie sich darüber und werden immer wacher.

> Wenn Ihnen das Einschlafen gleichgültig ist, dann werden Sie gelassener, entspannter – und schlafen leichter ein.

Ratschläge für die Prüfungsvorbereitung

1. Einige Wochen vor der Prüfung
2. Lernen ohne Klage – dank der Jokertage!
3. Die Wochen und Tage bitte gut planen
4. Was wäre, wenn ...?
5. Der Tag vor der Prüfung
6. Der Prüfungstag
7. Der schöne Tag danach
8. Das Lerndiplom

Ratschläge für die Prüfungsvorbereitung

1. Einige Wochen vor der Prüfung

Noch viele Wochen bis zur Prüfung – viel Raum für eine gute Langzeitplanung!

Termine für mündliche Prüfungen, Klausuren oder Examensarbeiten sind stets langfristig bekannt. Also können wir diesen einkalkulierbaren Zeitraum für die Vorbereitungen sinnvoll nutzen.

Vergewissern Sie sich, ob Sie die erforderlichen formalen Voraussetzungen für die Prüfung erfüllt haben, wie z.B.:
- absolvierte Praktika, Seminarscheine, Bewertungspunkte;
- Termine für Anmeldefristen;
- Vorgespräch mit Lehrer, Dozent, Professor.

Verschaffen Sie sich möglichst bald einen Überblick darüber, welche Fächer und Sachgebiete für die Prüfung/Klausur erforderlich sind.

> Stellen Sie fest, welche Arbeitsmittel benötigt werden.
>
> Welche Bücher, Artikel, Veröffentlichungen müssen gelesen sein?
>
> Stellen Sie eine Literaturliste für jedes Fach auf.
>
> Beschaffen Sie sich Arbeitsmittel so früh wie möglich (Bücher bestellen, Skripten beschaffen, kopieren etc.).
>
> Tauschen Sie sich mit früheren Examensabsolventen aus.
>
> Ergänzen oder kürzen Sie ihre Vorbereitungen entsprechend.
>
> Bringen Sie in Erfahrung, welche Lern- und Arbeitszeiten (Tage, Wochen) für die einzelnen Fächer benötigt werden.

Mit dieser Checkliste in der geistigen Tasche können Sie nun ruhig und gezielt vorgehen.

Vermeidbare Pannen können kaum noch auftreten und wenn, werden Sie ihnen viel gelassener begegnen. Ein Teil der hohen Kunst des guten Managements besteht darin, stets Übersicht zu haben und so Herr der Situation zu bleiben.

Also werden Sie Ihren Zeitplan ebenfalls geschickt und langfristig anlegen.

Die Langzeitplanung

Erinnern Sie sich:

Verteiltes Lernen mit Wiederholungen hat sehr hohe Lerneffektivität.

> Teilen Sie die zur Verfügung stehenden Wochen so ein, daß Sie den Stoff mindestens dreimal bearbeiten können:
> 1. Lernen: Aneignungsphase.
> 2. Wiederholen und ergänzen: Vertiefungsphase.
> 3. Schlußwiederholung: Überprüfungsphase.
> 4. (evtl. Sicherheitsabfrage.)

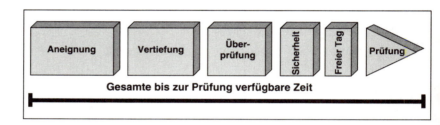

Aneignungsphase

Es steht viel Zeit zur Verfügung. Es werden alle Inhalte und Fächer einmal gründlich durchgearbeitet.

In einem Plan wird festgelegt, wie viele Tage oder Wochen für die einzelnen Fächer erforderlich sein werden.

Nun werden Aktenordner gefüllt, Karteien angelegt.

Halten Sie schriftlich fest, welche Inhalte (Formeln, Theorien etc.) oder Artikel Ihnen noch schwierig erscheinen.

Halten Sie sich Halb- und Ganztage z.B. am Wochenende zur Erholung frei, planen Sie bei einer langen Lernphase Ihren möglichen Urlaub mit ein.

Vertiefungsphase

Die nun folgende Lernphase ist um einiges kürzer. Sie dient zur Wiederholung und Vertiefung. Da Sie nun alle Inhalte durchgearbeitet haben, fällt es Ihnen leichter, Zusammenhänge zu sehen, Querverbindungen herzustellen und kritische Gegenüberstellungen vorzunehmen.

Die Vertiefungsphase ist oft eine Frustphase.

Bei der Wiederholung wird uns übergenau deutlich, wie groß unsere Lücken (noch) sind. Das ist ganz normal, da das viele Wissen reaktiviert werden muß und nach jedem Lernen der Vergessenprozeß einsetzt.

Bewahren Sie Ruhe.

Sie sollten zuversichtlich weiterarbeiten.

Bleiben Sie am Ball, und achten Sie nun besonders auf Ihre Vermeidungsstrategien.

Die zeitliche Stoffeinteilung erfolgt nun ähnlich wie in der Vorphase, ist nur komprimierter.

Benutzen Sie Ihre früher angelegte Schwierigkeitsliste, und arbeiten Sie diese ab. Falls erforderlich, erstellen Sie eine komprimierte neue für die nächste Lernphase.

Überprüfungsphase

In diesem Arbeitsblock werden wenige Tage vor der Prüfung die einzelnen Inhalte nochmals wiederholt und vertieft.

Die Lerninhalte werden nun nur noch überprüft. Es erfolgt das letzte Aufpolieren.

Planen Sie nun wieder die Reihenfolge und Lerndauer in diesen Zeitraum ein.

Die besonders gut beherrschten Fächer bedürfen nun nur einer kurzen Sicherheitsüberprüfung.

Denken Sie an die gewohnten Lernmethoden:

– Umschaltpausen;

– Abspeicherpausen;

– Entspannungsübungen.

2. Lernen ohne Klage – dank der Jokertage!

Der bislang erstellte Plan ist noch etwas zu optimistisch. Er berücksichtigt noch nicht mögliche größere Lernhindernisse, Pausen und unvorhergesehene Ereignisse.

> Da unser gesamtes Lernsystem möglichst viel an Sicherheit bieten soll, planen Sie Freiräume für Unvorhergesehenes ein.

Diese nicht absehbaren Ereignisse können sein: Erkrankung, verzögerte Buchlieferung, Arbeitsgruppe verändert sich, Lernprobleme, Auto gibt den Geist auf usw.

> Planen Sie deshalb „Jokertage" ein.
>
> Das sind Tage in den einzelnen Lernabschnitten, die zwar terminlich festgelegt sind, jedoch nicht inhaltlich.

Falls es also einmal Verzögerungen geben sollte, dann können Sie auf die Zeitreserve der Jokertage zurückgreifen. Ihre Planungen bleiben also weiterhin bestehen. Es entsteht kein Streß.

> Jokertage geben Sicherheit und Zuversicht.

Der Zeitplan kann dadurch bestimmt eingehalten werden.

Die in der jeweiligen Lernphase nicht aufgebrauchten Jokertage sollten Sie als Belohnungsbonus für die Freizeit verwenden.

> Benutzen Sie für Ihre Planungen den Vordruck für die Langzeitplanung in **Anhang E**.

3. Die Wochen und Tage bitte gut planen

Der Wochenplan

Um lange, oft mehrwöchige Lernphasen sinnvoll im Detail zu überwachen, sollten Sie nun aus dem Gesamtplan jeweils für die anstehende Woche einen Wochenplan erstellen.

Im Wochenplan sollten enthalten sein:
1. Erforderliche feste Lerntermine: Seminare, Vorlesungen, Schulstunden.
2. Verteilung der einzelnen Lernfächer.
3. Zeiten in der Lerngruppe.
4 Freizeitblöcke.
5. Sonstige umfangreiche Verpflichtungen.
6. Feststehende Freizeittermine wie z.B. Sport.
7. Jokerzeiten für alle Fälle.

Auf diese Weise haben Sie sich einen Überblick für mehrere Tage geschaffen, der Ihnen Orientierung gibt. Da Sie vieles Vorhersehbare einigermaßen eingeplant haben, können Sie kaum in Zeitnot geraten. Sie werden auch hier wieder Sicherheit durch die Jokerzeiten erhalten, die als Pufferzone Pannen kompensieren sollen.

Da Sie so vieles so perfekt geplant haben, sollte nun der allerletzte Schliff nicht fehlen. Es mag sich zwanghaft anhören, ist jedoch gerade bei umfangreichen Lerntätigkeiten unerläßlich, auch jeden Tag zeitlich und inhaltlich zu planen.

Der Tagesplan
1. Arbeitsbeginn festlegen.
2. Festtermine beachten.
3. Reihenfolge der einzelnen Tätigkeiten festlegen.
4. Pausen planen.
5. Freizeit einplanen.

Wochenplan Datum:							
Uhrzeit von bis	Montag	Dienstag	Mittwoch	Donnerstag	Freitag	Samstag	Sonntag
7							
8							
9							
10							
11							
12							
13							
14							
15							
16							
17							
18							
19							
20							
21							
22							

Der Vordruck für den Wochenplan befindet sich in **Anhang D.**

4. Was wäre, wenn...?

Unsere Phantasien und Tagträume sind oft angenehm und werden deshalb von uns manchmal ganz gern geträumt.

Mitunter können wir uns dadurch zur Entspannung in eine Traumwelt begeben. Manchmal wird aber unsere Angstwelt überstark, und die Phantasie läßt Panikgefühle entstehen.

Es kommt aber auch vor, daß wir uns mit unseren Gedanken oder Innenbildern an der Realität vorbeimogeln und sie vermeiden wollen. Dadurch wird jedoch überhaupt nichts besser, denn wir wissen um unser Problem.

 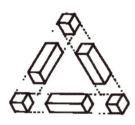

> Stellen Sie sich die Frage, was passieren würde, falls Sie in der Prüfung Pech haben sollten.
> Stellen Sie fest, welche Möglichkeiten Sie dann weiterhin haben.

Sie werden sich also kurz mit der unerwünschten Realität auseinandersetzen und merken, daß es für Sie auch hier mehrere Möglichkeiten gibt, z.B. die der Wiederholung.

Also wäre – bei einem eventuellen Scheitern – nur Zeit verloren.

> Sie merken, daß es Ihnen Sicherheit und Zuversicht gibt, wenn Sie Ihre Auffangmöglichkeiten wissen.

Selbst bei meinen schwierigen Fällen konnte ich feststellen, daß sie stets gute Lösungsmöglichkeiten parat hatten.

5. Der Tag vor der Prüfung

Je näher der Tag X der Prüfung rückt, um so angespannter wird man. Man ist nun vollgestopft mit Top-Wissen und kann es noch nicht loswerden. Das ist Streß und Frustration.

Gleichzeitig steigen die Ängste auf, was man alles nicht wissen könnte, wo man am besten nicht gefragt werden möchte etc.

Viele reagieren dann mit abergläubischem Verhalten, um ihr Prüfungsglück zu befragen, z.B.: „Wenn es in den nächsten fünf Minuten an der Tür klingelt, dann werde ich die Prüfung bestehen."

Das ist ein deutliches Zeichen dafür, daß wir uns in einem instabilen Zustand befinden; während wir bislang alles aktiv angehen konnten, warten wir nun passiv auf ein Ereignis. Wir sind ihm quasi ausgeliefert.

Machen Sie sich deutlich, daß Sie sich optimal vorbereitet haben.

Wenden Sie gegebenenfalls Gedankenstopp an.

Lassen Sie sich nicht von den Panikattacken der angstgebeutelten anderen Kollegen beeindrucken.

Führen Sie Ihre Entspannungssitzungen besonders gezielt durch.

Der Tag vor der Prüfung sollte nur für die Entspannung genutzt werden.

Viele Lernende machen den Fehler, bis zur letzten Minute zu lernen. Das ist meist ein angstbeflügeltes Vermeiden von Anspannung. Ein Lernzuwachs wird nun kaum noch erfolgen. Im Gegenteil: Es kommt zu streßbedingten Lernblockaden. Zusätzlich vergeudet man Energien, die man besser in der Prüfung einsetzen sollte.

> Die Entspannung am Tag vor der Prüfung dient der Bereitstellung der Energie.
> Die Entspannung dient auch zur Integration des Lernmaterials.
> Tun Sie also einiges für Ihre Lust und Laune.

Spätestens am Tag vor der Prüfung sollten die erforderlichen technischen Vorkehrungen geprüft und geregelt werden:
- Sind ausreichend Schreibgeräte vorhanden?
- Sind die erlaubten Hilfsmittel zusammengestellt?
- Sind unerlaubte Hilfsmittel auf Sicherheit geprüft?
- Wurden die Termine und Zeiten nochmals überprüft?
- Ist Verlaß auf das gewählte Verkehrsmittel?
- Ist eine Absicherung für den Wecker erforderlich?

> Planen Sie für längere Prüfungen leichte Mahlzeiten ein.

Ein Apfel oder Butterbrot ist nicht nur eine gute Gelegenheit zum Abschalten. Diese Mahlzeiten verhindern die Abnahme des Blutzuckerspiegels, sind also sehr wichtig für die Konzentrationsfähigkeit.

> Bitte keine Experimente mit Medikamenten, Drogen etc. unternehmen.

Auch wenn Sie trotz aller Vorbereitung nervös sein sollten, eventuell nicht schlafen können, so ist das recht normal. Verzichten Sie aber auf jeden Fall auf diverse Medikamente zur Beruhigung oder Aktivierung. Auf Medikamente muß man unter Kontrolle eingestellt werden; unter Streß können sie gefährliche Nebenwirkungen ergeben.

> **Sie sind gut vorbereitet.**

Treffen Sie Ihre Planungen für den nächsten Tag und genießen Sie Ihren freien Tag.

6. Der Prüfungstag

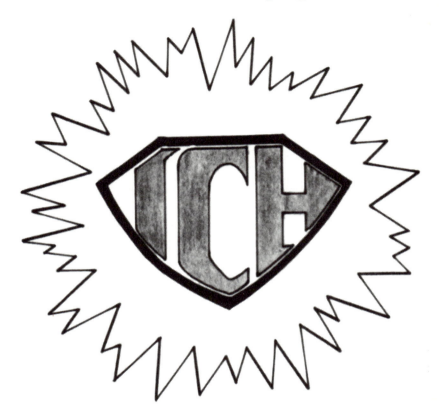

Heute können Sie allen beweisen, daß Sie fit wie ein Turnschuh sind, auch wenn Sie sich vielleicht gerade anders fühlen.

Da Sie wahrscheinlich viel zu früh aufgestanden sind, können Sie noch kurz in Ihre Unterlagen schauen, falls Sie dies beruhigt.

Seien Sie so früh am Prüfungsort, daß Sie sich in Ruhe an die Umgebung gewöhnen können.

Falls Sie zu früh dort sind, machen Sie sich unnötig kribbelig.

Die Nervosität anderer Leute ist uninteressant, besonders deren Panikberichte.

Einige Hinweise zum Verhalten in der schriftlichen Prüfung:
1. Sie können alles gelassen auf sich zukommen lassen.
2. Versuchen Sie, einen Zeitplan aufzustellen.
3. Nehmen Sie jede neue Frage ruhig und genau auf.
4. Legen Sie eine kurze Suchpause ein, antworten Sie erst dann.
5. Legen Sie bei langen Prüfungen kurze Erholungspausen (2-5 Minuten) ein (Selbsthypnose!).
6. Planen Sie Zeit zum Überprüfen und Korrigieren ein.
7. Beißen Sie sich nicht an einer schwierigen Aufgabe fest.

Tips für die mündliche Prüfung
– Vor dem spontanen Antworten eine kurze Denkpause machen.

Diese Pause können Sie gut durch Floskeln überbrücken wie „Ich denke gerade darüber nach…" „Ich will ganz genau antworten, deshalb überdenke ich Ihre Frage nochmals". Sie bleiben dadurch weiterhin aktiv, also für den Prüfer als Gesprächspartner greifbar.

– Bei komplexen Fragen anfangs erst grundlegende, abklärende Antworten geben, damit Sie einordnen, aber auch sich warmdenken können.

Verlassen Sie sich auf Ihre Sicherheit!

7. Der schöne Tag danach

Da Sie so lange auf die Prüfung vorbereitet wurden, sollen Sie nun auch informiert werden, was danach passieren kann, besonders nach Abschlußexamina.

Wenn man sehr lange angespannt und unter Streß war, also auf ein Ziel hinarbeitete, kann es durchaus vorkommen, daß man danach gar nicht mehr so richtig froh ist. Das schockiert einen (oder die Mitmenschen), da man ja alles glücklich überstanden hat.

Dieses Verhalten ist als Entlastungsdepression bekannt; es passiert also hier etwas durchaus „Normales".

Kurze Zeit später ist dann wieder alles im Lot.

So, nun genießen Sie die hoffentlich lange freie Zeit nach der Prüfung – hoffentlich kommt die nächste dann nicht ganz so schnell!

Falls Sie wieder zu lernen oder geistig zu arbeiten haben, dann denken Sie an diesen Kurs, und wenden Sie ihn wieder an.

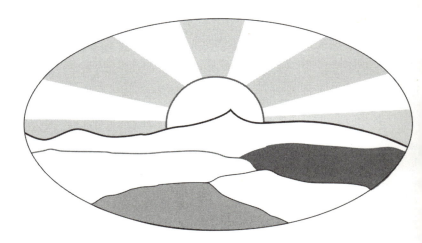

8. Das Lerndiplom

Im Rahmen des selbstverwalteten Lernkurses mit Autohypnose
– vorgestellt von Hans-Christian Kossak, Diplom-Psychologe –
hat

Frau/Herr _____

_____

Standfestigkeit bewiesen und sich durch das gesamte Buch gearbeitet.

Bescheinigt wird hiermit, daß zahlreiche und umfassende Kenntnisse über Lernmethoden und Arbeitstechniken sowohl für Anfänger als auch für Fortgeschrittene erworben wurden.

**Vom richtigen Umgang mit dem PC
Tips zur ökonomischen Textbearbeitung**

1. Vorsicht für Übereifrige
2. Von harter und weicher Ware
3. Kleine Hinweise zum Ausbau Ihres PC-Arbeitsplatzes
4. Der Arbeitsstil verändert sich (etwas)
5. Vorher die Ordnung planen
6. Was Sie sich angewöhnen sollten
7. Tips zur Manuskripterstellung
8. Getrennt schreiben, zeichnen und rechnen, gemeinsam drucken
9. Literaturverzeichnis erstellen
10. Zusammenfügen aller Elemente und Textgestaltung
11. Ohne Druck der letzte (Aus-)Druck

Vom richtigen Umgang mit dem PC
Tips zur ökonomischen Textbearbeitung

1. Vorsicht für Übereifrige

In diesem Kapitel erhalten Sie Praxis-Tips von einem Schreibeprofi. Er erklärt Ihnen, wie Sie Ihre Ausarbeitungen ökonomischer mit dem PC durchführen können – und sich auch über die Nutzung schnell freuen können.

Leser mit umfangreicher PC-Erfahrung werden in diesem Kapitel teilweise enttäuscht sein. Vielleicht werden sie dennoch den einen oder anderen Tip mitnehmen können.

Ein Personal Computer (PC) ist inzwischen für viele nahezu eine obligatorische Einrichtung geworden, bei einigen sogar zum Statussymbol, wenn sie die neuesten Versionen besitzen und mit Fachtermini andere mundtot machen können.

Arbeiten mit dem PC bringt zahlreiche Erleichterungen, wenn man sich die dafür speziellen Annehmlichkeiten des Gerätes richtig nutzbar machen kann. Falls man nicht richtig angeleitet wurde, wird man üble Überraschungen erleben und immensen Zeitaufwand betreiben, bis man gute bzw. gut gestaltete Schreibprodukte erzielt.

Falls man keine Ahnung im Umgang mit dem Gerät hat und den PC erst kurz vor dem Examen anschaffen will, sollte man es lieber bleiben lassen. Die Einarbeitung in das System ist dann wahrscheinlich zu zeitaufwendig. Dann ist es ratsam, lieber sein konventionell handgeschriebens Manuskript in ein Schreibbüro zu geben, das mit einem PC arbeitet. Dort sollte man jedoch unbedingt vereinbaren, daß mit dem Ausdruck der Text auch auf einer Diskette abgespeichert ausgehändigt wird. In den Schreibbüros wird nämlich sonst wegen des Datenschutzes alles aus dem Speicher gelöscht – und dann wäre nichts mehr zu korrigieren.
Falls dann später nach dem Korrekturlesen doch noch Veränderungen erforderlich würden, kann das Schreibbüro mit dieser Diskette weiterarbeiten. Das spart: Zeit, Geld, Nerven.

> Nun kommen wir zu jenen glücklichen PC-Benutzern, die ihre Manuskripte, Ausarbeitungen und Examensarbeiten mit Hilfe der elektronischen Datenverwaltung erleichtern wollen.

Die nachfolgenden Vorschläge sollen keine üblich bekannte PC-Einführung sein. Das besorgt besser ein guter Freund, Freundin oder das Handbuch.

Da ich viele Examenskandidaten mit ihren Sorgen beraten oder behandelt habe, kenne ich auch deren PC-Sorgen bei Ausarbeitungen. Als Buchautor kenne ich gleichzeitig die mannigfaltigen Vorteile und Tücken der Elektronik und will auch das an Erfahrung weitergeben.

2. Von harter und weicher Ware

Vorschläge zur Anschaffung der Hardware
Bei der Anschaffung des Gerätes sollte man folgendes in Erwägung ziehen:

Kompatibilität: Austauschbarkeit mit möglichst vielen allgemein handelsüblichen Systemen. Nur so kann man mit anderen PCs bzw. deren Besitzer einen Austausch vornehmen.

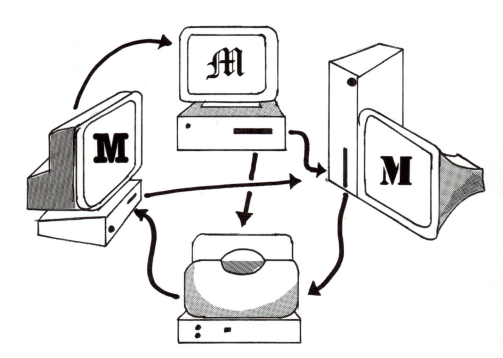

Kapazität des Arbeitsspeichers: Der Umfang des aktuell zur Bearbeitung bereitstehenden Speichers sollte nicht zu gering sein, da er sonst bei längeren Manuskripten streiken könnte, besonders bei arbeitsintensiven Sortierarbeiten für das Literaturverzeichnis.

Drucker: Zum Ausdruck ist ein Tintenstrahler zu empfehlen, da er schnell, vor allem aber leise ist und so auch seine nächtliche Tätigkeit nicht Nachbarn aktiviert.

Mindestanforderungen an das Textverarbeitungsprogramm

Das Programm zur Textverarbeitung sollte nicht exotisch oder spartanisch sein, muß keinesfalls zu viele graphische Möglichkeiten enthalten – es sei denn, zukünftige Ausarbeitungen erfordern dies; aber dann wird man sowieso auf Spezialprogramme zurückgreifen.
Sehr gut sind die gängigen Programme wie Word, Works etc.

Kompatibilität bzw. Lesbarkeit: Wichtig ist auch bei Textverarbeitungsprogrammen, daß hier eine Kompatibilität besteht. Wenn von anderen PCs Texte übernommen werden sollen (z.B. bei Gruppenausarbeitungen), dann muß die Möglichkeit bestehen, diese von einem anderen Schreibprogramm lesen und weiterbearbeiten zu können.

Verschiedene Schrifttypen: Wenn man es nicht gerade mit ausgefallenen oder graphischen Themen zu tun hat, dann reichen im Normalfall 2-3 verschiedene Schrifttypen, die man ja dann noch fett, kursiv und in verschiedenen Größen einstellen kann.

Rechtschreibprüfprogramm: Prüft den ausgearbeiteten Text darauf, ob er unbekannte bzw. falsch geschriebene Wörter enthält. Auf diese Weise können sehr viele Fehler schnell berichtigt werden.

Automatische Trennung: Führt automatisch am Zeilenende Silbentrennung durch. Sollte erst bei der allerletzten Bearbeitungsphase benutzt werden.

Sortiermöglichkeiten: Besonders beim Anlegen von Literaturverzeichnissen oder anderen (numerisch oder alphabetisch) geordneten Listen ist diese Hilfe von unschätzbarem Wert und erspart immense Zeit.

Seitenumbruchbefehle: Da eine Seite und der darin enthaltene Text nicht immer dort enden soll, wo der PC es vorsieht, ist ein Programm vorgesehen, daß ein Mensch nachsieht, an welcher Stell der Seitenumbruch erfolgen soll – sonst hat er das Nachsehen.

Automatische Fußnotenberechnungen: stellen den erforderlichen Randbedarf für die Fußnoten der jeweiligen Seite fest und halten dafür den Platz frei.

Automatische Speicherung: Das Programm speichert z.B. alle 5 Minuten das Erarbeitete automatisch ab. Das hat den immensen Vorteil, daß bei einem potentiellen Absturz des Gerätes nur die letzten 5 Minuten verloren sind. Andernfalls kann die gesamte Arbeit der letzten Stunden unauffindbar verschwunden sein und immense Wutanfälle verursachen.

„Lies so wie später gedruckt": Gibt auf dem Bildschirm die gesamte Seite in der Form wieder, wie sie nach der Gestaltung im Druck aussehen wird. Diese Funktion zeigt dann schon im Überblick, ob Gestaltungen gelungen sind – und Sie sparen dadurch Papier.

Fenstertechnik: Unterteilung des Bildschirms in getrennte Arbeitsbereiche. Mitunter kommt es vor, daß man beim Bearbeiten des einen Textes schnell in einem anderen Text nachsehen oder sogar Textstellen zwischen beiden austauschen möchte. Dies kann mittels einfacher Befehle erreicht werden, die dann den Bildschirm in „Fenster" unterteilen.

3. Kleine Hinweise zum Ausbau Ihres PC-Arbeitsplatzes

Wie bereits anfangs in diesem Buch erwähnt, sollte man seinen Arbeitsplatz übersichtlich gestalten und möglichst nur die relevanten Gegenstände dort aufbewahren.

Nun kommt der PC-Kasten, die Tastatur und der Bildschirm hinzu, die einiges an Platz wegnehmen.
Vor Ihnen steht nun bei Ausarbeitungen die Tastatur auf dem Tisch und die Bücher gruppieren Sie darum herum. Und schon kommt ein neues Problem: andauernd ist die Tastatur im Weg, wenn man in Ruhe in den Manuskripten und Büchern sucht – und umgekehrt stören dann beim Schreiben die Bücher auf dem Tisch. Gleichzeitig nimmt der Kasten des PC viel Platz weg.

> Nun ein paar praxisfreundliche Tips, die in keinem PC-Prospekt oder Manual enthalten sind:

Platz für die Tastatur: unter dem Tisch
Die arbeitsphysiologische angemessene Höhe für Schreibtastaturen beträgt ca. 66 cm. Deshalb gab es bislang die niedrigen Schreibmaschinentische, die dafür sorgten, daß man sonst beim Schreiben die Arme nicht so sehr anheben muß und dabei leicht im Schulterbereich verkrampfen kann. Stellen wir die Tastatur auf den Tisch, nimmt sie nicht nur Platz weg, sonder ist viel zu hoch. Also wie können wir das Gerät ähnlich wie jenes beliebte und zu Witzen benutzte Automobil tieferlegen?

> Ganz einfach:
> Die Fläche *unterhalb* der Tischplatte gibt den idealen Raum für die Tastatur! Jawohl!

Die Tastatur wird wie in einer Schublade unterhalb der Tisch- oder Schreibtischplate angebracht. Dadurch wird sie ca. 8 cm tiefer gelegt und ist in der richtigen Schreibhöhe. Gleichzeitig kann sie stets unter der Platte verschwinden, wenn der Platz oben drauf für andere Zwecke benutzt wird. Soll weitergeschrieben werden, dann wird die Tastatur rausgezogen und schon geht es weiter. Dieser kleine Umbau schützt auch gleichzeitig die Tastatur vor möglichen Beschädigungen, umfallenden Büchern oder Kaffeetöpfen.

Das vorgeschlagene Bauproblem lösen Sie ganz einfach durch eine preiswerte und kaum zeitaufwendige Bastelarbeit: Im Baumarkt sind Teleskopschienen unterschiedlicher Länge erhältlich; sie werden für Schubladenzüge verwandt. Hier gibt es auch spezielle Teleskopschienen, auf deren Trägerteile Brettelemente montiert werden können (Fachbegriff: für aufliegende Montage). Diese beiden Schienen werden im entsprechenden Abstand unter der Tischplatte montiert, evtl. mit Leisten als Abstandhaltern. Bei diesen Bemessungen achten Sie darauf, daß die Tastatur nach oben zur Tischplatte ausreichend Platz hat; nach unten hin müssen noch bequem die Oberschenkel Spielraum darunter haben.

Auf den Auflageteilen der Schienen befestigen wir nun eine passende ca. 6 mm starke Sperrholzplatte. Schon kann die Tastatur daraufgestellt werden. Da sie meist über ein Spiralkabel mit dem Rechner verbunden ist, ist die Verbindung also auch ausreichend flexibel.

Aufbewahrung des Rechners: neben dem Tisch

Meist handelt es sich beim Rechnerteil um eine Blechkiste mit beachtlicher Grundfläche, die auf dem Tisch den Platz für andere Gegenstände wegnimmt. Das führte zur Erfindung der Tower, der vertikal aufgebauten Geräte. Als Besitzer eines „alten" konventionell gebauten Gerätes ärgerte mich das ständig, und ich erkundigte mich bei einem Fachmann. Ergebnis: Auch aus einem horizontalen Gerät kann man einem Tower machen, wenn man es einfach hochkant auf eine der beiden Schmalseite stellt. Das Laufwerk versieht weiterhin seinen zuverlässigen Dienst. Man muß lediglich darauf achten, daß man das Gerät nicht auf die „falsche" Seite stellt; dann macht das Laufwerk keine Probleme.

Plazierung des Bildschirms: frei schwebend
Der Monitor muß eine angemessene Arbeitshöhe haben, damit man seinen Hals nicht zu sehr verrenkt. Gleichzeitig soll er an einen Ort kommen, an dem er wenig Platz weninmmt. Hierzu besorge man sich einen Schwenkarm, der inzwischen sehr erschwinglich wurde. Wird der Monitor benötigt, wird er in den Arbeits- und Blickbereiche geschwenkt; andernfalls ist er in Warteposition weggeschwenkt und hält Blick und Platte frei.

Auch der Drucker wird „versteckt"
Der Drucker muß ebenfalls keinen Ehrenplatz auf dem Schreibtisch haben; er ist zwar schön, hat aber auch seinen Platzbedarf. Also verbannen Sie ihn von der Arbeitsplatte. Denn wenn er druckt, müssen Sie ihm ja nicht immer dabei zusehen; so interessant ist das ja schließlich nicht. Stellen Sie Ihren Drucker also neben Ihren Schreibtisch auf einen gesonderten kleinen Tisch oder ähnliches. Ich habe für den Drucker zwischen Bücherwand und Schreibtisch eine Wandkonsole befestigt. Dort wartet der Drucker dann geduldig auf meine Befehle und läßt meine Schreibtischplatte frei.

4. Der Arbeitsstil verändert sich (etwas)

Die Textverarbeitung mit einem PC gestaltet sich ungefähr so wie auf einer Schreibmaschine, da man ja alles über die Tastatur eingibt. Aber die Art, wie man dann mit dem Text umgeht, ist doch etwas anders als bei der gewohnten Schreibmaschine.

Bei der guten alten Mechanischen gibt es keine Speichermöglichkeit; deshalb spannt man sein weiß strahlendes Papier ein und wartet ab, ob man nun gute Einfälle hat. Viele berichten, daß dieses große leere weiße Papier am Anfang erst mal blockiert und keine Ideen kommen läßt. Das stimmt tatsächlich: Da ja alles möglichst richtig sein soll, will man den Text bereits anfangs gut formulieren und bleibt dadurch schon am Anfang, wo noch Ideen reifen müssen, in Kleinigkeiten verhaftet und blockiert die sprudelnden Ideen. Bei der Schreibmaschine geizt man deshalb auch gern mit Papier, fängt dann bei erforderlichen Umstellungen an zu schnipseln und zu kleben und sucht ständig fehlende Papierteile mit wichtigem Text.

> Beim PC kann der Text ständig verändert, verschoben und umgestaltet werden; dashalb kann man mit dem Text wesentlich freier, fast spielerischer umgehen. Man kann seine Gedanken also erst mal festhalten und dann im weiteren Verlauf weiter ausbauen, ebenso die besseren Wort- und Satzformulierungen.

Wenn ich also bei Abschnitt 1 beginnen soll, mir aber nur etwas zu dem späteren Abschnitt 3 einfällt, dann kann ich das schon mal schreiben.

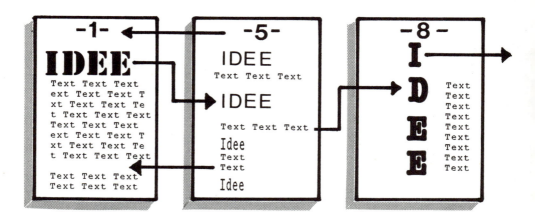

Neu eintreffende Ideen zu Abschnitt 1 kann ich dann stets davor einfügen und auf diese Weise den Text ausfüllen.

Auch später nach dem Korrekturlesen sind Umstellungen, Ergänzungen, Einfügungen durch wenige Handgriffe schnell vorgenommen.
Das erleichtert also, Einfälle zu produzieren; es kann auch verführen, zu schludrig zu werden und evtl. nur Fragmente aneinanderzureihen.

Schön beim PC ist dann auch, daß ich jederzeit von dem Erarbeiteten einen sauberen Ausdruck anfertigen kann, mein Ergebnis also immer sauber leserlich vorliegen haben und es so leichter weiterbearbeiten kann. Selbst nach ausführlichen Korrekturen und Umstellungen, die im handschriftlich korrigierten Manuskript fürchterlich aussehen, entsteht wieder ein klar gegliederter und überschaubarer Text – fast als Belohnung für die Arbeit vorher.

Das optisch schöne Gestaltungsbild kann jedoch leicht vortäuschen, daß der Inhalt schön sei. Hier muß man also sehr skeptisch sich selbst gegenüber sein.

Die Nachteile des PC sind:
Man verbraucht damit wesentlich mehr Papier und man wird sehr aufgebracht, wenn man bei Fehlern nicht sofort die Ursachen findet; aber das Suchen und Finden lernt man mit der Zeit.

5. Vorher die Ordnung planen

Hier möchte ich an Kapitel 3 in Teil 1 erinnern. Auch im PC müssen wir alles genau geplant ablegen, um es zügig wiederzufinden. Da die Daten hier sehr abstrakt „versteckt" sind, muß ein sehr gutes Ordnungsprinzip das Suchen erleichtern.

An allererster Stelle ist es also wichtig, daß man ähnlich wie bei der Einrichtung eines großen neuen Aktenschrankes die zukünftige Ordnung überlegen sollte. Das heißt: planen, wie die Schriftstücke später einzeln geordnet werden sollten, damit sie später leicht zu erkennen und wiederzufinden sind.

> Da jede Datei unter einem bestimmten Namen abgespeichert werden muß, sollte man diesen Namen von vornherein in ein System bringen.

Da man im Betriebssystem Verzeichnisse anlegen kann, kann das darüber geschehen. Danach werden Oberbegriffe gefunden, unter denen dann Feinsortierungen erfolgen, die das Suchen immens erleichtern können.
Beispiel: Die Fächer Biologie, Geographie, Pädagogik sind zu verwalten, zusätzlich private Inhalte. Dann würde ein Stammbaum eingerichtet werden, der sich immer weiter verzweigt und auf diese Weise einzelne

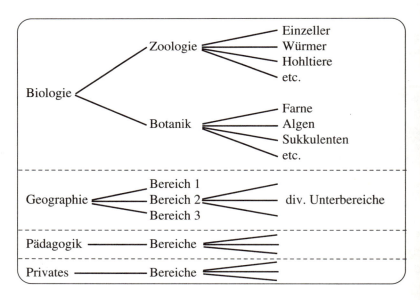

Hauptregale, Unterteilungen und Kleinschubladen beinhalten, wie hier für die Biologie.

Ein Text Nr. 2 über Seeigel ist nach dem oben angelegten System z.B. mit der Pfadangabe Biol\Zool\Hohl\Seeigel2 schnell auffindbar.

Entsprechend können z.B. für Privates Schubladen für Rechnungen, Briefe, Angebote, Ämter angelegt werden.
Bei Examensarbeiten wäre es sinnvoll, einen Hauptzweig „Examen" zu nennen, darunter fächern sich dann ggf. die einzelnen Kapitel des Buches auf, dann Abbildungen, Tabellen, Berechnungen, Literaturverzeichnis etc. Wird dann der Hauptstammbaum „Examen" aufgerufen, wird ersichtlich, welche Unterkategorien vorhanden sind, ebenso, welche Unter-Unterkategorien etc. Das gibt einen sehr systematischen Überblick. Hilfsprogramme wie PCTools oder Norton Commander bieten die Möglichkeit, diese Stammbäume mit ihren Verzweigungen auf dem Bildschirm wachsen zu lassen und dort direkt mit ihnen zu operieren.

> Die hohe Kunst der PC-Arbeit besteht darin, nicht nur gut abzuspeichern, sondern später das Abgespeicherte gut wiederzufinden.
> (Ich weiß, daß das eine Wiederholung ist, die man Anfängern nicht oft genug nahebringen kann.)

Zur Sicherheit können Sie sich einen Ordner anlegen, in dem Sie Notizen über die Abspeicherungsnamen (=files) aufbewahren, ebenso Datum der Bearbeitung und ggf. Querverweise wie z.B. „enthält Abb. für Kap. 1-3".

Mit besseren Programmen kann man sogar mit wenigen Tastenkombinationen automatisch den Namen der Datei, Datum und Uhrzeit aufdrucken lassen.

6. Was Sie sich angewöhnen sollten

Wenn Sie umfangreichere Ausarbeitungen haben, die evtl. mehrere Dateien umfassen, die dann später miteinander verbunden werden, sollten Sie sich ebenfalls Ordnung verschaffen.

> Am besten notieren Sie gleich zu Beginn der Ausarbeitung in der ersten Zeile ihres Textes, welchen Namen Ihre Datei hat, dazu das Datum.

Dann können Sie bei der Manuskripterarbeitung später stets sehen, wo Sie weiterarbeiten müssen. Durch das aktuelle Datum erkennen Sie, welche Fassung Sie bearbeiten. Später, wenn alles für die Endfassung zusammengefügt und korrigiert ist, können diese dann überflüssigen Ausgaben gelöscht werden.

Abspeichern

> Falls das Programm über keinen automatisch arbeitenden Speicher verfügt, dann sollte man es sich angewöhnen, in Abständen von ca. 30 Minuten abzuspeichern.

Wichtig im Umgang mit dem PC sollte die konsequente Erstellung einer Sicherheitskopie sein: Immer am Ende einer langen Arbeitsphase (z.B. nach einem Tag) sollte man sich eine Sicherheitskopie auf die Diskette machen und diese weit entfernt vom PC und löschsicher aufbewahren. Falls das Unglück eintreten sollte, daß an dem PC oder seiner Festplatte ein Defekt auftreten sollte, haben Sie dennoch auf der Sicherheitsdiskette das wertvolle Geistesgut gerettet und können es nach der Reparatur weiterverarbeiten.

> Wichtig ist, daß man die Sicherheitskopie regelmäßig und konsequent, also stets aktualisiert anfertigt.

Worttrennungen am Zeilenende sollten Sie sich beim Schreiben abgewöhnen; das macht später der PC für Sie! Da Sie die Zeilenlängen für verschiedene Korrekturzwecke verändern werden, trifft Ihre manuell eingefügte Trennung nach der ersten Korrektur bereits nicht mehr zu. Also lassen Sie sie gleich raus!

Papiervorräte

Da PC-Arbeit viele Ausdrucke erfordert, auch wenn man noch so umsichtig arbeitet, sollte man sich stets größere Papiervorräte bereitstellen; aber das ist nur eine kleine Nebensächlichkeit.

Vorschläge zur Eingewöhnung für Anfänger

Falls Sie das Arbeiten am PC noch nicht kennen bzw. darin Anfänger sind, sollten Sie sich *langsam* an die Arbeit damit gewöhnen, besonders die sehr vielfältigen Instruktionen zur Textverarbeitung. Studieren Sie bloß nicht das gesamt Manual an einem Stück!

> Am besten lernen Sie erst, wie man das Gerät anschaltet, das Programm startet und dann wie bei einer Schreibmaschine darauf schreibt. Dann lernen Sie, wie man abspeichert und das auch wiederfindet. Dann haben Sie schon Prinzipielles und für Ihre Schriftstücke Existenzielles gelernt.

Erst im Verlauf Ihrer Ausarbeitungen ergeben sich Fragestellungen wie z.B. „Text verschieben", „Ausdruck" oder „Fettschrift", „Randeinstellung". Dann schauen Sie in das Anleitungsbuch und werden auf diese Weise sehr schnell zahlreiche PC-Befehle beherrschen. Dieses anwendungsbezogene Lernen begünstigt das Lerntempo, da Sie die Verbindung zu den praktischen Erfordernissen damit sofort herstellen.

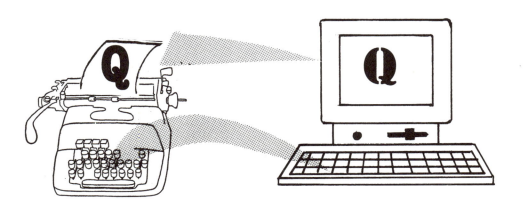

7. Tips zur Manuskripterstellung

Kaum einer, der einen PC besitzt, wird handschriftliche Ausarbeitungen seines Aufsatzes machen und diese dann fein säuberlich in den PC übertragen. Vielmehr wird man versuchen, bereits in den ersten Phasen der Sichtung, Sammlung und Grobausarbeitung seinen PC zu nutzen.

Erstellen Sie sich Gliederungen zu Ihrer Ausarbeitung bereits am PC

Wenn Sie anfangen, ein Gerüst zu den Inhalten zu entwerfen, dann machen Sie sich den PC bereits jetzt nutzbar. Durch Umstellen und Verschieben können Sie immer Ihre Textideen ergänzen. Das trifft auch später zu, wenn der laufende Text bearbeitet wird. Dabei wird man immer wieder Ideen zu dem bekommen, was früher eingefügt oder in späteren Kapiteln erwähnt werden soll.
Kein Problem: Im laufenden Text kann ich dann einfügen „Zu Kapitel 8" oder „Wichtiges Gegenargument zur Theorie von NN:" oder „Hier Querverweise zu den Ergebnissen von Kap. 3 herstellen".
Später, wenn ich Zeit habe oder meine gerade bearbeitete laufende Idee zu Bildschirm gebracht habe, kann ich mir diesen Textblock zu Kapitel 8 etc. markieren und an die richtige Stelle nach vorn oder hinten verschieben. Wenn ich später dort ankomme, habe ich bereits eine Sammlung von wertvollen Anmerkungen, „Kurznotizen" und evtl. Literaturhinweisen an dieser richtigen Stelle.

> **Anfangs ist der Inhalt wichtig, erst später die Gestaltung**
>
> In den Anfangsphasen der Manuskripterstellung sollten Sie sich allein auf den Textinhalt und Grundformulierungen etc. konzentrieren.

Überlegungen über die Gestaltung sollten erst viel später erfolgen: Randbreiten, Hervorhebungen durch Fett- oder Kursivdruck, Einrückungen etc. werden fast zum Schluß eingearbeitet. Gerade Einrückungen und Absatzgestaltungen müssen sonst mehrfach geändert werden und können daduch sogar uneinheitlich werden.

> Wenn Sie anfangs puristisch allein den Textinhalt bearbeiten, werden Sie weniger durch andere Überlegungen abgelenkt – und Sie bekommen oft erst im Verlauf der Ausarbeitung Ideen zur besseren inhaltlichen, stilitstischen und optische wirksamen Gestaltung.

Mit handlichen Textmengen arbeiten

Auch, wenn Ihr PC über enorme Speicherkapazitäten verfügt, sollten Sie bei umfangreichen Literaturarbeiten von über 30 Seiten nicht den gesamten Text im Speicher haben, sondern nur eine überschaubare Untermenge. Falls man dann darin nach oben oder unten wandern muß, um einzufügen etc., geht das dann wesentlich schneller und leichter. Bei z.B. Examensarbeiten ist es demnach ratsam, solche Untermengen einzeln zu bearbeiten, die den Umfang von Kapiteln haben.

Mit Kürzeln arbeiten

Bei Ausarbeitungen kommt es immer wieder vor, daß öfter mit den gleichen Begriffen operiert wird. In meinem bereits erwähnten Lehrbuch der Hypnose kommen Worte wie Suggestibilität, Hypnotisierbarkeit, Imaginationsfähigkeit etc. häufiger vor. Wenn man diese stets ausschreiben muß, dann kostet es viel Arbeit und erhöht die Tippfehlermöglichkeit.
Hier kann ich Ihnen einen simplen Vereinfachungstrick anbieten: Bei oft wiederkehrenden langen oder komplizierten Wörtern verwenden Sie bei der ersten Niederschrift Kürzel wie SST für Suggestibilitätstest oder HHH für Hypnotisierbarkeit. Die Kürzel müssen so gewählt sein, daß man sie selbst behält – und daß sie unverwechselbar sind. Da in einem Normaltext drei gleiche Großbuchstaben nie hintereinander auftreten, wähle ich diese Kombination.

DDK = Donaudampfschiffahrtskapitänsmütze

Wenn die Niederschrift ausgedruckt werden soll, dann nutzen Sie die Vorteile des Programms. Dort gibt es eine Funktion, mit der ein bestimmtes Wort durch ein anderes ersetzt werden kann. Also erhält der PC die Instruktion, alle SST durch das Wort Suggestibilitätstest zu ersetzen – und schon ist eine Menge Arbeit gespart.
Achtung! Bei Plural sollte als entsprechendes Kürzel das s der Pluralendung stehen: so z.B. SSTs, damit dann bei der automatischen Umänderung auch Suggestibilitätstests steht.

Springen im Text

Selten wird man einen Text linear also von der ersten bis zur letzten Zeile kontinuierlich bearbeiten. Man wird häufig innerhalb des Textes springen müssen, um etwas nachzusehen, zu ergänzen oder zu vergleichen. Dabei hat man oft das Problem, seine alte Textstelle zum Weiterschreiben wiederzufinden. Kein Problem: Sie markieren ihre Stelle vor dem Springen stets z.B. mit *** und springen dann nach vorn oder hinten im Text. Wenn Sie dann Ihre alte Stelle finden wollen, gehen Sie über den Suchbefehl für *** und schon sind Sie dort. Das lästige Bildschirmblättern entfällt somit völlig.

Das Korrekturlesen

Immer, wenn Sie ein paar Seiten ausgearbeitet haben, sollten Sie diesen Text mit dem Rechtschreibkorrekturprogramm überarbeiten. Auf diese Weise haben Sie bereits im Schnellverfahren sehr viele Tippfehler eliminiert. Man kann bei diesem Durchgang sogar die im Text aufkommenden und für das Prüfverfahren unbekannten Worte mit in das Korrekturprogramm übernehmen. Auf diese Weise erweitert sich der „Sprachschatz" Ihres PC im Sinne der Ausarbeitung.

> Manche meinen
> lechts und rinks
> kann man nicht
> verwechsern.
> werch ein illtum!
>
> (Ernst Jandl)

Trotz Rechtschreibkorrekturprogramm sollte der neu erarbeitete Text zur Korrektur durchgelesen werden, da ein Programm nicht die Interpunktion und Gedanken prüfen kann. Der Ausdruck dafür sollte einen breiteren rechten Seitenrand von ca. 5cm vorsehen, damit dort Anmerkungen handschriftlich eingefügt werden können. Diese Korrekturen sollten stets mit einen dünnen roten Filzstift erfolgen; sie sind schneller erkennbar – auch dann, wenn man die Blätter schnell überfliegt.
Beim dann folgende Korrekturlesen des Ausdrucks wird man kaum noch Tipfehler finden; dadurch kann man sich wesentlich intensiver den Inhalten zuwenden.

> Lassen Sie ihre Texte stets von anderen Personen korrigieren. Sie werden sich wundern, wieviele Fehler diese immer noch finden!

8. Getrennt schreiben, zeichnen und rechnen, gemeinsam drucken

Falls man im laufenden Text Tabellen oder Abbildungen einsetzen will, sollten diese nicht gleichzeitig bearbeitet werden. Besser ist es, den Text eigenständig zu bearbeiten und an der Stelle einen Vermerk zu machen, wo die Abbildung oder Tabelle erscheinen soll.
Getrennt davon werden in einer anderen Datei die Tabellen erstellt – und getrennt davon die Abbildungen.
Ganz zum Schluß werden dann für die Endfassung alle Bausteine zusammengefügt und richtig placiert.
Dies hat arbeitstechnisch folgende Vorteile: Bleibt der Text für sich, kann man darin wesentlich leichter springen, suchen und weiterarbeiten.

> Werden Tabellen und Abbildungen jeweils getrennt bearbeitet, dann kann man für sie wesentlich leichter ein inhaltlich und optisch einheitliches Grundgerüst konstruieren und dieses in entsprechenden Varianten weiterverarbeitet.

Tabellierstriche und Rubriken sind dadurch leichter untereinander auszurichten, Zahlenreihen in gleichen Abständen einzuteilen und Beschriftungen im einheitlichen Stil vorzunehmen usw. Das ist zeitsparend!

Wenn alles getrennt für sich bis zur Endkontrolle richtig ist, werden diese Elemente für die Endmontage zusammengefügt. Dann beginnt bald ein neues Problem: Beim Ausdruck kann es vorkommen, daß die Tabelle oder Abbildung durch den Seitenumbruch zerteilt wird, was natürlich nicht geschehen sollte. Das kann man jedoch durch Markierungen am Bildschirm erkennen.
Zusätzlich gibt es dann noch die Layoutkontrolle; auf dem Bildschirm kann man sich damit seitenweise ansehen, wie die ganze Seite nach derartigen Umbrüchen aussehen wird. Vorschläge hierzu werden im nachfolgenden Abschnitt gegeben.
Diese Kontrolle ist jedoch nur dann dauerhaft stimmig, wenn man dazu die Seitenränder bereits so einstellt, wie sie beim allerletzten Ausdruck sein sollen – so wie es also von den Richtlinien (Prüfungsamt etc.) gefordert wird.

Ratschläge für den Seitenumbruch, besonders bei Abbildungen und Tabellen
Da der PC mechanisch die Seitenlängen ermittelt, kann es vorkommen, daß unten auf der Seite einsam eine Überschrift steht, der Folgetext je-

doch erst auf der nächsten Seite erscheint. Das muß im Programm „von Hand" geändert werden.

Werden Tabellen oder Abbildungen durch den automatischen Seitenumbruch „zerschnitten", kann man sie so weit verschieben, bis sie auf der nächsten Seite erscheinen und nun ganz bleiben. Das hat nun wieder Rückwirkungen auf den Text, der dann um die entsprechenden Zeilenmengen vor- oder rückgeschoben werden muß.
Inhaltlich ergibt sich daraus folgende Konsequenz: Wenn im laufenden Text steht „auf der folgenden Tabelle ist zu erkennen...", wird durch den Umbruch dann nicht immer sofort diese Tabelle folgen können. Der Leser wird dann diese „folgenden" mehreren (notwendigerweise verschobenen) Tabellen nicht mehr auseinanderhalten können.
Wenn jedoch alle Tab. und Abb. getrennt numeriert sind, so wird im Text darauf klar verwiesen: „...aus Tab. 4 ist zu erkennen..." und die Zuordnung ist unmißverständlich. Hierbei nicht vergessen, was oben bereits erwähnt wurde: wenn Abb. und Tab. später in den Text eingefügt werden sollen, dann unbedingt im laufenden Text deutlich sichtbar mit Leerzeilen einfügen „Hier Tabelle 8 einfügen". Dann gibt es bei der späteren Endmontage keine Verwechslungen oder Verwirrungen. Gleichzeitig kann nochmals überprüft werden, ob die Numerierungen mit der im laufenden Text übereinstimmen.

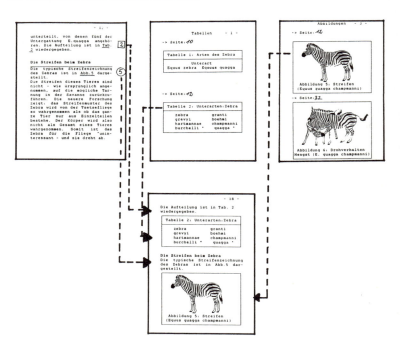

9. Literaturverzeichnis erstellen

Bereits während man seinen leufenden Text schreibt, sollte man kontinuierlich sein Literaturverzeichnis schreiben. Nur so besteht auch die Gewißtheit, daß gerade bei umfangreicheren Arbeiten tatsächlich alle Literaturzitate auch im Literaturverzeichnis wiederzufinden sind.

Das Erstellen des Literaturverzeichnisses ist oft ein sehr nervenaufwendiger Vorgang. Aber auch hier gibt es ein paar Praxistips!

Fenstertechnik

Wie bereits oben kurz definiert, kann bei der Fenstertechnik der Bildschirm in mehrere Bereiche unterteilt werden, auf denen unterschiedliche Inhalte (Dateien, Texte) bearbeitet werden. Das ist besonders günstig! So kann ich in dem einen großen Fenster meinen laufenden Text bearbeiten und im kleinen Fenster z.B. eine Art Notizblock beschreiben, in dem ich meine Einfälle notiere, dann speichern, ausdrucken und weiterbearbeiten kann.

Äußerst angenehm sind diese Fenster, wenn viel Literatur zitiert werden muß: Ein Fenster enthält dann den laufenden Text, das andere Fenster enthält das Literaturverzeichnis.

Im großen Fenster der Textbearbeitung kann eine Stelle kommen, in der eine Literaturquelle zitiert wird wie z.B. (Müller, 1993). Dies ist dann ein Signal, daß man das ausführliche Zitat dieses Buches oder Artikels sofort in das Literaturverzeichnis aufnehmen sollte. Wenn man das nicht sofort tut, kann man es leicht vergessen. Dazu hilft nun das kleine Fenster. Schnell dort hinwechseln und in diese Datei die vollständige Angabe schreiben: „Müller, A.: Das Mehlmahlen im alten Korinth. München: Mühlenverlag (1993)". Auf diese Weise wird in dieser Datei das Literaturverzeichnis kontinuierlich ergänzt und keine der Angaben kann vergessen werden. Das Literaturverzeichnis befindet sich also auf einer gesonderten Datei und kann dort parallel bearbeitet werden.

Form der Zitierweisen und Bearbeitungsfreundlichkeit
Bei der Form der Zitierweisen im laufenden Text unterscheiden sich die Geister, so gibt es drei grundsätzlich verschiedene Arten:
Die *Historiker und Germanisten* bevorzugen, die Autoren im Text zu erwähnen und mit einer hochgestellten Zahl zu versehen, um mit ihr jeweils auf der gleichen Seite auf eine *Fußnote* zu verweisen, die dann die Literaturangabe enthält. Wenn dies von den Prüfungsrichtlinien so vorgeschrieben wird, muß es auch eingehalten werden. Aber wenn es irgendwie geht, sollte gerade dieses System vermieden werden, da es sehr umständlich und wenig servicefreundlich ist. Denn es muß jede Seite im Umbruch genau stimmen, damit die hochgestellten Fußnotenzahlen mit denen auf der Fußleiste übereinstimmen. Wird der Satzspiegel nur um eine Zeile länger oder kürzer, kann sich in den Fußnoten plötzlich alles verschieben, was recht oft vorkommt. Das ist dann sehr viel Tüftelarbeit.

Bei den *Medizinern* wird mit *Zahlen (1) in Klammern* zitiert. Der Autor (2) wird also im laufenden Text überhaupt nicht erwähnt, erst hinten im Literaturverzeichnis. Wenn man also im laufenden Text eine interessante Angabe findet und wissen will, von welchem Autor in welchem Jahr dieser Hinweis, Befund etc. stammt, muß man stets bei der entsprechenden Nummer im Literaturverzeichnis nachsehen. Dadurch bleibt die lautere Wissenschaft ungetrübt von Namen. Das System hat ebenfalls große Nachteile bei der Ausarbeitung. Die Numerierung erfolgt nach der Reihenfolge der Zitierungen bzw. der alphabetischen Sortierung. Falls da jedoch bei der Ausarbeitung Veränderungen erforderlich werden, was ja oft während der Ausarbeitungen geschieht, ist sofort die Numerierung falsch – und die Zuordnung im Literaturverzeichnis muß ebenfalls geändert werden. Also äußerst umständlich und praxisfeindlich.

Das letzte System wird z.B. in der *Psychologie* benutzt. Danach werden die *Autoren (Müller, 1990, S. 73f) in Klammern mit Name und Jahr*, ggf.

Seitenzahl angeführt. Im Literaturverzeichnis werden die Autoren dann alphabetisch geordnet. Sowohl beim Ausarbeiten als auch später beim Suchen treten keine Verwirr- oder Einordenprobleme auf.
Das System ist also sehr servicefreundlich, da Änderungen bei der Ausarbeitung keinerlei Komplikationen nach sich ziehen, der Seitenumbruch nicht betroffen ist und das Literaturverzeichnis flexibel Änderungen aufnimmt.

Das Sortierprogramm
Unabhängig von der Art der wissenschaftlichen Zitierweise im laufenden Text muß jedoch stets ein Literaturverzeichnis erstellt werden, das es alphabetisch zu ordnen gilt.

Wenn bereits mehrere Literaturquellen für das Verzeichnis hintereinander gesammelt sind, werden diese markiert; dann wird der Befehl gegeben, alles alphabetisch zu sortieren. Dabei faßt der PC immer einen Textblock (also eine Literaturangabe) als Einheit auf und sortiert sie nach dem ersten Autor etc. Nur wenn in dem Literaturverzeichnis mehrere identische Autoren im gleichen Jahr publizieren, wird das Programm ratlos und bedarf manueller Hilfen.
Nach wenigen Sekunden oder Minuten ist das Werk erledigt. Man kann nun bei der weiteren Ausarbeitung schnell nachsehen, ob ein Autor darin bereits aufgenommen ist oder nicht.

Weiter sollte man auf folgendes achten:
Bei sehr umfangreichen Literaturverzeichnissen und geringem Arbeitsspeicher des PC hat er nicht ausreichend Platz zum Umschichten und streikt. Falls das zutreffen sollte, müßte man alle gesammelten Literaturangaben in zwei bis drei kleinere Dateien unterteilen und diese jeweils getrennt sortieren. Evtl. muß man ausprobieren, welche Menge der Arbeitsspeicher des PC verkraften kann.
Danach werden die Literaturangaben in zwei bis drei Alphabetteile, also zwei bis drei verschiedene zugehörige „Fenster" = Dateien (z.B. A-H, K-O, P-Z) eingeordnet. In dieser Untergruppierung wird nun jeweils getrennt sortiert. Erst ganz zum Schluß, wenn alles korrigiert und stimmig ist, werden diese Alphabetblöcke als Ganzes wieder hintereinandergefügt.
Sie merken: das kann einiges an Arbeit machen, geht jedoch immer noch schneller als „von Hand" sortieren.

10. Zusammenfügen aller Elemente und Textgestaltung

Wenn alle Textteile, also Kapitel etc. und Dateien bearbeitet und korrekturgelesen sind, also inhaltlich und orthographisch alles berichtigt ist, dann erst sollten diese Teile in der richtigen Reihenfolge im PC hintereinandergefügt werden. Nun ist in dieser Datei bei einer umfangreichen Ausarbeitung ein riesiges Volumen von vielleich 2oo Seiten, das es zu überarbeiten gilt. Aber auch bei kleineren Ausarbeitungen sollten Sie sich die Vorteile des unten dargestellten Arbeitsablaufes nutzbar machen.

Wenn die nachfolgend genannten Gestaltungs-Arbeiten alle erst am Gesamttext durchgeführt werden, kann das relativ zügig und einheitlich geschehen, es unterlaufen dann weniger Fehler und das einmal erdachte Gestaltungssystem wird leichter eingehalten.

Achten Sie bei Ihren Gestaltungsideen immer darauf, daß gerade bei wissenschaftlichen Ausarbeitungen der Textinhalt im Vordergrund stehen sollte und nicht seine Gestaltung. Der PC gibt wesentlich mehr an Möglichkeiten mit Kästen, Rahmen und Schattenschriften – aber das kann zu verführerisch werden und vom Inhalt ablenken.

Die folgenden 11 Grundregeln sind aus der Erfahrung mit der Bearbeitung sehr vieler Textseiten gewonnen.

Bitte halten Sie bei der Bearbeitung die Reihenfolge dieser Regeln ein, da Sie sich sonst Bearbeitungsfallen stellen und sich Mehrarbeit verursachen.

Die elf Grundregeln der Textbearbeitung – Endstufe

1. *Zur Sicherheit wird nun nochmals überprüft*, ob es ggf. inhaltliche Textüberschneidungen oder Fehlstellen gibt. Möglicherweise müssen nun noch geringe Umänderungen erfolgen.

2. *Alle Numerierungen auf Vollständigkeit überprüfen.* Das heißt: die Numerierungen von Überschriften, Aufzählungen, Tabellen, Abbildungen nochmals auf Stimmigkeit testen.

3. *Feststellen, ob alle Elemente richtig und ohne Fehlstellen zusammengefügt wurden.* Besonders an den Nahtstellen nochmals die Übergänge prüfen.

4. *Seitenränder festgelegt, ebenso Kopf- und Fußzeilen* (incl. Position der Seitenzahlen). Dazu gibt es entweder allgemeingültige Vorschriften wie z.B. in dem Buch von Poenicke „Wie verfaßt man wissenschaftliche Arbeiten" (1977) oder die vom jeweiligen Institut oder Prüfungsamt herausgegeben. Ab jetzt können Sie schon leichter die Gestaltungswirkungen erkennen.

5. *Hervorhebungen durch Kursiv- oder Fettdruckdruck* oder andere Schrifttypen festlegen. Diese kennzeichnen Sie im Manuskript, falls noch nicht erfolgt.

6. *Schriftgrößen und Schrifttypen für Überschriften*, Unterüberschriften etc. bestimmen und einstellen. So könnten Hauptüberschriften größere Lettern haben, fett sein und eine Unterstreichung erhalten, danach eine Leerzeile. Die nächstfolgende Überschriftenhierarchie wird fett ohne Unterstreichung usw.

7. *Festlegen von Leerzeilen*: In gleicher Weise wie bei den Überschriften legen Sie fest, wieviele Leerzeilen jeweils vor oder nach Überschriften, vor Beginn und nach Ende eines bestimmten Abschnittes eingesetzt werden sollten.

8. *Einrückungsarten bestimmen und vornehmen*; ob z.B. bei Spiegelstrichen oder Aufzählungen, längeren Originalzitaten etc. der nachfolgende Text um einen oder zwei Buchstaben eingerückt werden soll.

9. Entscheiden Sie sich nun, welche *Form des Satzspiegels* Sie haben wollen; soll der Text rechts als Flattersatz so unregelmäßig wie die Worte enden, soll eine automatische Silbentrennung ausgleichen oder soll sogar rechtsbündig ein Blocksatz alles verschönern. Das alles regelt das Programm (wenn es darüber verfügt).
Bei Blocksatz können evtl. unschöne Textlöcher entstehen, die es „von Hand" auszugleichen gilt.

10. Die *automatischen Trennung* betätigen. Sie muß jedoch unbedingt korrekturgelesen werden, da der PC nicht alle Trennregeln kennt, die dann von Hand geändert werden müssen.

11. Nachdem alle diese Phasen durchlaufen sind, muß letztlich der *Seitenumbruch* erfolgen. Es muß also nun festgelegt werden, ob die vom PC errechneten Seitenenden sinnvoll für die Textgestaltung sind. Bei Tabellen und Abbildungen muß auf jeden Fall ausprobiert werden, wie man mit dem Platz auskommt.

Zur geringfügigen Erleichterung kann folgendes dienen: Beginnen Sie jedes Kapitel stets mit einer neuen Seite. Bei sehr umfangreichen Werken sollten Kapitel stets auf einer rechten, also ungeradzahligen Seite beginnen. Dann kann von dieser Stelle (=neue Seite) an erneut mit dem Umbruch begonnen werden und ist von den vorherigen verschobenen Seiten nun nicht mehr betroffen.

11. Ohne Druck der letzte (Aus-)Druck

Jetzt kommt der krönende Abschluß des Ausdrucks, der bisweilen enthüllt, daß man doch noch ein paar Gestaltungs- oder Umbruchfehler gemacht hat, die sich aber leicht verändern lassen.

Falls die Zeit bis zur Abgabe knapp zu werden droht, dann überprüfen Sie nochmals, ob für den letzten Ausdruck ausreichend Papier, Farbband oder Tintenpatrone für den Drucker vorhanden ist.

Merke: Meist pflegen Vorräte an Schrauben, Dübeln, Papier und Tinte (bzw. Farbband) an Wochenenden erschöpft zu sein, wenn man so richtig arbeiten möchte.

Warnung!
Wechsle nie ohne Not den Drucker!

Manche wollen den Endausdruck in letzter Sekunde noch schöner gestalten und noch bessere Schrifttypen einbringen – oder sie benutzen dann einen geliehenen fremden Drucker mit noch besserer Qualität. Wenn alles gut vorbereitet ist, mag es gut gehen. Falls aber der Druckertreiber nicht paßt, wird man in den letzten Stunden vor dem Abgabetermin in Panik geraten, da dann der Drucker nicht durch den PC angemessen angesteuert werden kann. Ein anderer Drucker mit andere Schrifttypen kann auch bewirken, daß dadurch die Zeilenbreite verändert wird; dadurch ist dann der Zeilen- und Seitenumbruch betroffen – und schon ist die viele Gestaltungsarbeit für den Umbruch hinfällig geworden. Diesen Ärger der letzten Stunden sollte man sich ersparen.

Fast immer muß eine Arbeit in mehreren Exemplaren angefertigt werden. Bei umfangreichen Arbeiten rate ich, diese nicht vom Drucker anfertigen zu lassen, da das zeitaufwendig ist und das Gerät unnötig belastet. In einem guten Fotokopierladen wird das gesamte Schriftpaket in einen Geräteschacht geladen, im Schnellvorgang kopiert, sofort sortiert – und nach ein paar Minuten wird alles dem nervösen Kandidaten und der nervösen Kandidatin fein säuberlich gestapelt überreicht. Das spart sehr viel Zeit und kostet nicht sonderlich viel; falls man den Text im gleichen Laden binden läßt, wird es sogar etwas preiswerter.

Nun kann ich nur noch wünschen, alles in Ruhe zu beherzigen und im Laufe der Zeit Sicherheit und Souveränität im Umgang mit dem PC zu bekommen, damit er tatsächlich zum zeit- und arbeitssparenden Hilfsmittel für die Autorin bzw. den Autor wird und nicht zur zeitaufwendigen und teilweise sinnlosen Gestaltungsmaschine.

Literatur
Anhang A: Checkliste zur Lernkontrolle
Anhang B: Das Wichtigste nochmals ganz kurz
Anhang C: SQ3R-Methode
Anhang D: Vordruck für den Wochenplan
Anhang E: Vordruck für die Langzeit-Planung

Literatur

Diese Literaturliste ist recht spärlich ausgefallen. Es wurde bereits am Anfang des Buches darauf hingewiesen, daß es sich hier um ein rein praxisorientiertes Arbeits- und Kursprogramm handelt, frei von möglichst allem theoretischen Ballast.

Deshalb möchte ich an dieser Stelle weiterhin konsequent bleiben und nur das an Literatur nennen, was direkt im Text angegeben wurde.

Graf, O. (1961). Arbeitszeit und Arbeitspausen. In: Handbuch der Psychologie. Göttingen: Hogrefe.

Kossak, H.-Ch. (1989). Hypnose. Ein Lehrbuch. München: Psychologie Verlags Union.

Maddox, H. (1967). How to study. London: Pan Books.

Poenicke, K. & Wodke-Repplinger (1977). DUDEN: Wie verfaßt man wissenschaftliche Arbeiten? Systematische Materialsammlung – Bücherbenutzung – Manuskriptgestaltung. Mannheim, Wien, Zürich: Dudenverlag

Robinson, F. (1961). Effective study. New York: Row & Harper.

Anhang A

Checkliste zur Lernkontrolle

Zu Ihrer eigenen Kontrolle sollten Sie regelmäßig anhand dieser Liste überprüfen, ob Sie die hier vorgeschlagenen Lern- und Arbeitstechniken in die Praxis umsetzen – und auch weiterhin beibehalten.

Also sollten Sie anfangs im Abstand von 3-5 Tagen diese Liste wiederholt durchgehen und abhaken. Nach ungefähr 3 Wochen Kursteilnahme sollten Sie in Abständen von ca. einer Woche Ihre Anwendungsrealität überprüfen.

Dazu tragen Sie oben das Datum ein und haken in dem entsprechenden Feld ab, wenn Sie diese Techniken anwenden. Somit können Sie sehr genau feststellen, wenn Sie verschiedene Schritte vernachlässigen.

Das mag wie eine böse Kontrolle aussehen. Da ein netter Mensch diese Kontrolle durchführt (nämlich Sie!), werden Sie diese Art der Überprüfung aber als hilfreich empfinden.

Tragen Sie bitte hinter jeder Lerntechnik an, wie gut Sie diese zu den einzelnen Beurteilungsterminen beherrschen:
1 = kann ich gut   2 = mit Lücken   3 = kann ich schlecht

Beurteilungstermin →					
Regeln der Lerngrundlagen					
1. Differenzierung von Freizeit- und Arbeitsplatz					
2. Arbeitsplatz: Ordnung					
3. Berücksichtigung von: Tageszeit und Leistung					
4. Richtige Ernährung					
5. Richtige Selbstverstärkung					

Methoden und Techniken des Lernens					
6. Vermeidungsverhalten abbauen					
7. Strukturierung mit Zetteln					
8. Inhaltliche Planungen der Arbeitsphasen					
9. Zeitliche Planungen der Arbeitsphasen					
10. Warmlaufphase berücksichtigt					
11. Einteilung in Lernportionen					
12. Lernposition berücksichtigt					
13. Verteilt lernen					
14. Pausen einplanen					
15. Pausenanfang einhalten					
16. Pausenende einhalten					
17. Mehrere Lernkanäle einsetzen					
18. Positiver Abschluß am Ende einer Arbeitsphase					
19. Kurze Vorplanung der nächsten Phase					
20. SQ3R-Methode berücksichtigt					
21. Ähnlichkeitshemmung beachtet					
22. Lernkartei angelegt					
23. Lernkartei täglich wiederholt					
24. Vorteile von Einzel- und Gruppenarbeit berücksichtigt					

Techniken der Autohypnose und Autosuggestion						
25. Hypnose regelmäßig geübt						
26. Ruhebild ist angenehm						
27. Entspannung wirkt recht gut						
28. Autosuggestionen eingesetzt						
29. Sitzung angemessen beendet						
30. Positive Autosuggestionen benutzt						
31. Positive Erfolgsübungen eingesetzt						
32. Zeit zum Abspeichern gelassen						
33. Kurzform geübt						
Prüfungsvorbereitungspläne						
34. Langzeitplan zum Lernen aufgestellt						
35. Jokertage eingeplant						
36. Langzeitplan wird eingehalten						
37. Wochenplan zum Lernen aufgestellt						
38. Wochenplan wird eingehalten						
39. Weiterhin Lerntechniken befolgt						
40. Weiterhin regelmäßig Autohypnose geübt?						

Anhang B

Das Wichtigste nochmals ganz kurz

Da es sich um sehr viele Methoden und Techniken handelt, möchten Sie zu Ihrer Sicherheit vielleicht einen schnell greifbaren Überblick haben, ohne immer umständlich im gesamten Buch blättern zu müssen. Deshalb sind nachfolgend einige der wichtigsten Regeln nochmals als „Regieanweisungen" angeführt.

Teilen Sie das Lernen inhaltlich und zeitlich ein, indem Sie folgendes berücksichtigen:

1. Anwärmphase
Mit leichtem Lernstoff beginnen, dann schwierigeren einplanen.

2. Abwechslung
Unterschiedliche Inhalte und Tätigkeiten abwechseln lassen.

3. Aufnahmekanäle
Unterschiedliche Aufnahmekanäle nutzen und abwechseln.

4. Verteiltes Lernen
Wiederholungen zeitlich verteilen, mit Pausen dazwischen

5. Lernportionen
Den gesamten Umfang in möglichst wenige (7) Pakete aufteilen.

6. Lernposition berücksichtigen
Anfang und Ende einer Lerneinheit werden besser behalten.

7. Ähnlichkeitshemmung berücksichtigen
Ähnliche Lernstoffe zeitlich getrennt lernen.

8. Pausen
Kleine und große Pausen stets einplanen und einhalten.

9. Erfolg
Das Lernen mit einem positiven Ereignis = Erfolg beenden.

10. Vorplanen
Am Ende der Arbeit die nächste Einheit grob vorplanen.

11. Selbstverstärkung
Eigenlob und Eigenverstärkung mit einplanen.

12. Lernkartei anlegen
Je nach Lernstoff eine spezielle Kartei anlegen und wiederholen.

Anhang C

SQ3R-Methode

S Survey – Erforschen, Überblick gewinnen
Titel, Autor, Inhaltsverzeichnis, Kapitelüberschrift lesen.

Q Question – Fragen stellen
Was weiß ich bislang zu: Autor, Themen, Inhalt, Bereich?

R_1 Read – Lesen des Textes
Text langsam und aufmerksam durchlesen, Unterstreichungen

R_2 Recite – Zusammenfassen der wichtigsten Inhalte
Wichtigste Begriffe, Inhalte etc. selbst formulieren.

R_3 Review – Nacherzählen
Inhalt mit eigenen Worten nacherzählen, Kritik, Querverbindungen erwähnen.

Anhang D

Vordruck für den Wochenplan

Bitte tragen Sie Ihre Termine in den Wochenplan ein, damit Sie stets die Übersicht behalten.

Wochenplan

(Der Vordruck befindet sich auf der folgenden Seite)

Wochenplan Datum:

Uhrzeit von bis	Montag	Dienstag	Mittwoch	Donnerstag	Freitag	Samstag	Sonntag
7							
8							
9							
10							
11							
12							
13							
14							
15							
16							
17							
18							
19							
20							
21							
22							

Bitte tragen Sie jeweils die geplanten Inhalte ein und dahinter die Art der geplanten Termine:
T = fest wiederkehrender Termin   G = Lernen in der Gruppe   F = Freizeit
t = frei vereinbarter Termin   O = Organisation, Einkauf   P = Pausen
H = Hausarbeit, lernen, arbeiten
Überprüfen Sie nach Ablauf der Woche, wie gut Sie die Planungen einhalten konnten, welcher Bereich die meiste Zeit erfordert. Müssen Änderungen vorgenommen werden?

Anhang E

Vordruck für die Langzeit-Planung

Für Ihre Langzeit-Planung bis zur Prüfung sollten Sie die noch zur Verfügung stehenden Wochen für Ihre Vorbereitung einteilen. Denken Sie daran, daß Sie mehrere Phasen berücksichtigen; beachten Sie dabei das Einplanen der Jokertage.

1. Aneignungsphase: Lernen des Stoffes
2. Vertiefungsphase: Wiederholen
3. Überprüfungsphase: Schlußwiederholung
4. Sicherheitsabfrage
5. Prüfung

Unterteilen Sie die einzelnen Phasen in die ermittelten Wochenabschnitte und tragen Sie ein, wieviele Tage oder Halbtage Sie davon für die einzelnen Fächer zum Lernen benötigen.

Langzeit-Planung

(Der Vordruck befindet sich auf der folgenden Seite)

Langzeit-Planung

Tragen Sie ein, wieviele Tage Sie in den einzelnen Phasen für die einzelnen Fächer benötigen.

Aneignung / Joker	Vertiefung / Joker	Überprüfung / Joker	Sicherheit	Freier Tag	Prüfung

Gesamte bis zur Prüfung verfügbare Zeit → **Termin:** ☐

Ein neues Standardwerk zur Geschichte der Psychologie – mit vielen unveröffentlichten Bilddokumenten

Die Psychologie ist nach wie vor eine „Wachstumswissenschaft". Nachdem psychologisches Grundwissen bereits in Schulen gelehrt wird und psychoanalytische Begriffe in die Umgangssprache eingeflossen sind, hat die Psychologie den Charakter des Neuartigen oder gar des Modischen verloren. Das typische Problem einer akademischen Disziplin ist allerdings bis jetzt nicht überwunden worden, die Tatsache nämlich, daß die Psychologie als Wissenschaft mit ihren Fragestellungen, Methoden und Ergebnissen trotz vielfältiger popularisierender Darstellungen unanschaulich geblieben ist.

Der vorliegende Band hat das Ziel, eine lebendige Darstellung der Psychologie, ihrer Vertreter, ihrer Forschung und Anwendung zu bieten. Im Sinne der neueren sozialgeschichtlichen Darstellung der Psychologiegeschichte wird besonderer Wert gelegt auf Gesellschaften, Institutionen, Anwendungen usw.

In 81 Beiträgen von über 60 bekannten in- und ausländischen Autorinnen und Autoren werden zentrale Themen der Psychologiegeschichte kompetent behandelt. Wesentlicher Bestandteil dieser Beiträge sind eine Fülle von Fotos und Dokumenten. Ein großer Teil dieses Bildmaterials wird in diesem Buch zum ersten Mal der Öffentlichkeit zugänglich gemacht. Da die Geschichte der Psychologie in den letzten Jahren auch im deutschen Sprachraum an Bedeutung gewonnen hat, stellt der vorliegende Band auch eine ideale Ergänzung zu psychologischen und psychologiegeschichtlichen Lehrbüchern dar. Er eignet sich aber ebenso als Einstieg in die Psychologie und in ihre Geschichte.

Helmut E. Lück, Rudolf Miller (Hg.)
Illustrierte Geschichte der Psychologie

Mit einem Vorwort von Rudolf Arnheim, Prof. Em. (Harvard)

1993, 374 Seiten, mit 457 Abb.
geb. m. Schutzumschlag
ISBN 3-928036-72-6

Quintessenz München

Ein Reiseführer durch die Psychologie

Zum Buch

Die wissenschaftliche Psychologie ist heute für viele Menschen interessant und wichtig geworden. Unser Fühlen und Denken, unsere Gespräche oder Beziehungen miteinander, das Arbeiten in Gruppen und Organisationen sowie der Umgang mit Krankheit, Tod oder Trauer sind Lebensbereiche, in denen psychologisches Wissen als Hilfsmittel gesucht wird, um besser mit diesen schwierigen, komplexen Gebieten umgehen zu können. Aber: Der Einzelne steht häufig orientierungs- und hilflos vor einer unüberschaubaren Fülle psychologischer Literatur oder psychologischer Kurs- und Seminarangebote.

Dieser „Reiseführer durch die Psychologie" schließt damit eine wichtige Lücke. Allen an der Psychologie Interessierten wird eine kundige Führung durch die Psychologie geboten. Es wird ausführlich erklärt, wie die wissenschaftliche Psychologie eigentlich arbeitet, wie psychologisches Wissen entsteht und welche „Zutaten" benutzt werden. Die grundlegenden Fragen und Probleme einer Wissenschaft vom menschlichen Verhalten und Erleben werden in leicht verständlicher Form dargestellt, so z. B.: Wie kann unser nicht sichtbares Fühlen und Denken untersucht werden? Kann die Psyche mit experimentellen Methoden untersucht werden? Und schließlich: Welche Bedeutung haben psychologische Ergebnisse für den Alltag?

Es macht Spaß, dieses Buch zu lesen, und es stimmt nachdenklich, wenn es um die Möglichkeiten und Grenzen der wissenschaftlichen Psychologie geht. Für alle an der Psychologie Interessierten eine ideale Einführungslektüre, nicht zuletzt auch für StudienanfängerInnen dieses Fachs und benachbarter Disziplinen.

Jörg von Scheidt

Reiseführer durch die wissenschaftliche Psychologie

1994, 124 S., 35 Abb., brosch.
ISBN 3-928036-42-4
Verlagsbestellnummer 5117

Quintessenz

Hypnose: Ein neuer Ansatz

Es existieren Tausende von Büchern über Hypnose – populär geschriebene Abhandlungen über den Gebrauch der „Macht der Hypnose", um sich Reichtum und Gesundheit zu verschaffen, bis hin zu umfangreichen wissenschaftlichen Monographien, die spezielle Aspekte aus Theorie und Forschung diskutieren. Dieses Buch nun möchte auf dem Gebiet der Hypnose eine vollkommen neue und radikal verschiedene Art des Denkens (der Theorie) und auch des Handelns (der praktischen Anwendung) einführen, die ökosystemische Denkweise, die bekanntlich bereits in der Familientherapie erfolgreich angewendet worden ist.

Nach einer prägnanten Einführung in die wesentlichen Unterschiede zwischen der traditionellen (Newtonschen) Konzeption der Wissenschaft und der systemischen Sichtweise eröffnet sich in der Anwendung des ökosystemischen Denkens auf das Phänomen Hypnose eine überraschende und tiefgreifende Perspektive der sozialen Konstruktion der (hypnotischen) Wirklichkeit. Dieser Wandel im Verständnis dessen, was vielerorten mit den Begriffen „hypnotisch" und „hypnotherapeutisch" deklariert und somit auch unzulänglich reduziert wird, führt die auf diesen Gebieten tätigen Praktiker und Wissenschaftler zu weiterführenden Erkenntnissen in Fragen der (hypnotherapeutischen) Behandlung. Ausbildung und Konzeptualisierung ihrer Arbeit – und somit zu Themen, die in diesem Buch durch eine Diskussion über die Relevanz des ökosystemischen Ansatzes der Hypnose im Rahmen therapeutischen Handelns abgerundet werden.

David P. Fourie

Hypnose
Ein ökosystemischer Ansatz

1994, 160 S., 11 Abb., geb.
Quintessenz Bibliothek der Hypnose und Hypnotherapie)
ISBN 3-86128-151-1

Quintessenz

Das erste sozialwissenschaftliche Handbuch zur Tourismuswissenschaft

Zum Buch

Tourismus ist nach wie vor der Boomfaktor Nummer Eins und eine der wichtigsten Industrien auf der Welt. Um so erstaunlicher ist es, daß sich eine Tourismuswissenschaft erst zögerlich und zum Teil unter dem Deckmantel der Öffentlichkeit entwickelt hat, wobei die Entwicklung im angloamerikanischen Bereich etwas fortgeschrittener scheint als in Deutschland. Hier wie dort wird allerdings an vielen Orten Tourismusforschung und angewandte Praxis betrieben, und eine Vielzahl von Disziplinen ist daran beteiligt: Psychologie, Soziologie, Pädagogik, Anthropologie, Ethnologie, Wirtschaft, Geographie, Kulturwissenschaft, ohne daß allerdings eine integrierte, interdisziplinäre „einzige" Tourismuswissenschaft schon entstanden wäre. Dies ist das Ziel für die Zukunft, an dem viele Touristik- und Tourismusfachleute derzeit arbeiten. Das vorliegende Buch will dabei helfen. Es bietet einen umfassenden Überblick über den internationalen Forschungs- und Praxisstand und informiert über die teilweise sehr innovativen Ansätze, Modelle und Theorien.

Fachgebiete

Tourismuswissenschaft; Angewandte Psychologie; Freizeit-Tourismussoziologie

Interessenten

Touristikfachleute, Tourismuswissenschaftler, Psychologen (Schwerpunkt Angewandte Psychologie), Soziologen (Schwerpunkt Freizeitsoziologie), Geographen, Ökonomen (Schwerpunkt BWL-Tourismus)

Heinz Hahn, H. Jürgen Kagelmann (Hg.)

Tourismuspsychologie und Tourismussoziologie

Ein Handbuch zur Tourismuswissenschaft

1993, 630 S., 46 Abb., 32 Tab., geb.
(Quintessenz Lexikon)
ISBN 3-86128-153-8
Verlagsbestellnummer 5153
Quintessenz